KB042817

청소년 핵심역량 키워주는
꿈꾸는 활동

청소년 핵심역량 키워주는 꿈꾸는 활동

초판 1쇄 2021년 07월 06일
저자 고양시청소년재단 | **발행처** 고양시청소년재단 | **발행인** 박윤희 | **디자인 · 제작** 미다스북스
구입문의 미다스북스 (02)322-7802

© 고양시청소년재단 **2021**, *Printed in Korea*.

ISBN 978-89-6637-935-4 03370 | 값 **15,000원**

※ 파본은 본사나 구입하신 서점에서 교환해드립니다.
※ 이 책의 모든 콘텐츠는 인용하시거나 참고하실 경우 반드시 고양시청소년재단의 허락을 받으셔야 합니다.

청소년 핵심역량 키워주는
꿈꾸는 활동

고양시청소년재단 지음

프롤로그

꿈꾸는 청소년들의 밝은 오늘과 내일을 위하여!

앞으로 어떤 미래가 다가올까?

'모바일 인터넷', '클라우드 기술', '빅데이터', '사물인터넷(IoT)' 및 '인공지능(AI)' 등 기술 혁신이 진행되고 있다. 인더스트리(Industry) 4.0 시대, 4차 산업혁명(The Fourth Industrial Revolution)이라고 말한다. 전문가조차 신기술과 미래 사회를 예측하기 어려운 시대다.

급격한 기술의 발전으로 앞으로는 모든 분야에서 사람들이 하던 일을 로봇이 대체할 것이라고 한다. 가정의 전자제품이나 제약, 의료, 주식 전문가, 법률 전문가 등에도 이미 인공지능(AI: Artificial Intelligence)이 도입되고 있다. 그래서 사람들은 미래에는 어떤 직업이 없어질 것인지 궁금해하고 나중에는 로봇에게 밀려나는 것은 아닌지 불안해한다. 청년층이나 10대 자녀를 가진 부모 세대도 이 불안감은 마찬가지일 것이다.

어떤 미래가 다가올지 모르니, 청소년들이 진로를 찾아가고 직업을 준비하기가 쉽지 않다. 청소년들이 앞으로 직업을 가질 때에는 한가지 직업이 아니라 평생 수 개, 수십 개의 직업을 바꿔 갖게 될 것이라고 예상하기도 한다.

현재와 같이 부모들이 희망하는 판사, 의사, 교수, 공무원, 대기업 직원 등 좋은 직업은 앞으로의 세대에서도 계속 남아 있을 수 있으나, 인기 직업이 바뀔 수도 있다. 변화무쌍하고 예측 불가능한 미래, 그 속에서 청소년들이 살아가려면 지금과 같이 어릴 때부터 대학을 목표로 하는 공부만으로 가능할까?

교육부에서도 학교 교육이 입시 위주의 교육에서 벗어나게 하겠다고 말하고, 예전의 교과 중심 교육에서 '미래 지향적 인재', '글로벌 창의 인재'를 길러내기 위한 교육으로 바꾸고자 노력하고 있다. 학생들은 학교 내에서 공부만이 아니라 자율 활동, 동아리 활동, 봉사 활동, 진로 활동 등을 진행한다. 특히 중학교에서는 1년간을 자유학년제로 점수와 시험 부담에서 벗어나 지역과 연계하여 다양한 체험 중심, 진로 체험 등의 체험 학습이 진행되고 있다.

청소년은 미래의 주역이다

'청소년은 미래의 주역'이라고 말한다. 어떻게 보면 미래의 주인이니 청소년은 중요하고 위해야 한다는 얘기로 들리지만 다른 한편으로 생각해보면 청소년은 미래를 준비하는 사람이라고도 들린다. 그러나 나는 이 시기에 청소년들이 행복을 느끼는 것도 매우 중요하고 그들이 행복하도록 성인들은 조력해야 한다고 생각한다. 그래서 우리 청소년재단을 포함하여 전국의 많은 청소년 지도자들이 청소년들이 살아가면서 행복을 느끼며, 주도성을 강화하고 역량을 키울 수 있도록 지지하고 격려하며 다양한 활동을 청소년과 함께해나가고 있다.

청소년 역량을 키우기 위하여

청소년들이 갖는 역량에 대해 세계 각국과 우리나라는 지속적으로 연구를 진행하고 또 이를 교육 과정과 청소년 활동에 적용하고 있다. 역량에 대한 지표들은 나라마다 다소 차이는 있지만 경제협력개발기구(OECD)와 세계경제포럼(WEF: World Economic Forum)이 대표적이며, 우리나라에서는 한국청소년정책연구원과 한국교육개발원에서 연구를 진행했고, 한국청소년 활동진흥원이 현장에서 적용할 구체적인 지표를 선정했다.

역량은 '살아가면서 부딪히게 되는 복잡한 요구에 성공적으로 대응할 수 있는 능력'이라고 할 수 있다.

한국청소년 활동진흥원(이하 진흥원)에서는 2018년 말 '역량기반 청소년 활동 가이드'를 발표했다. 이는 2018년부터 2023년까지 추진되는 정부의 제6차 청소년정책기본계획의 중점 과제인 '역량기반 청소년 활동'

지원 체계를 뒷받침하고자 했다.

진흥원은 청소년 활동 핵심역량은 '급변하는 사회에서 직면하는 현실 과제 및 진로 문제를 청소년 스스로가 해결해나가며 균형 있는 성장을 할 수 있도록 청소년 활동에서 길러져야 할 능력'이라고 말한다. 진흥원도 청소년 활동을 통해 함양할 수 있는 핵심역량 6가지를 선정하였다. 비판적 사고, 의사소통, 협업, 창의력, 사회정서, 진로 개발의 6가지 영역이다. 진흥원의 핵심역량 지표는 세계경제포럼(다보스포럼: Davos Forum)에서 2015년 발표했던 4차 산업혁명 시대에 필요한 인재 역량인 비판적 사고력, 창의력, 소통 능력, 협업 능력에 한국교육개발원의 6가지 핵심역량과의 호환성을 고려하여 구성되었다.

핵심역량	내 용
비판적 사고	새로운 관점으로 문제를 바라보고, 주제와 원칙에 따라 배움으로 연결하는 능력
의사소통	생각과 질문, 아이디어와 해결 방법을 공유하는 데 필요한 소통 능력
협업	하나의 공동 목표를 향해 여러 명의 재능, 전문 지식을 합치는 능력
창의력	혁신하고 발명하는 것처럼 기존의 것을 새로운 방식으로 접근하는 능력
사회정서	자신과 타인의 감정을 정확하게 인식하고 자신의 불편한 감정을 조절하고, 타인과의 갈등을 긍정적으로 해결하며 좋은 관계를 맺어나가는 능력
진로 개발	평생에 걸쳐 빠르게 변화하는 직업환경에 유연하게 적응하고, 개인의 흥미와 적성을 바탕으로 다른 사람과 차별화되는 독특성을 개발하여 자기 주도적 및 창의적으로 자신의 진로를 개척, 설계, 실행하는 데 필요한 능력

(출처: 한국청소년 활동진흥원, 2019)

이러한 청소년의 생애 핵심역량은 어떻게 성장할 수 있을까? 청소년 지도자들은 역량기반 청소년 활동을 지향하고 있으며, 진흥원이 활동에 대한 뒷받침을 해주고 있기 때문에 진흥원의 6가지 핵심역량을 현장에 적용하고 있다.

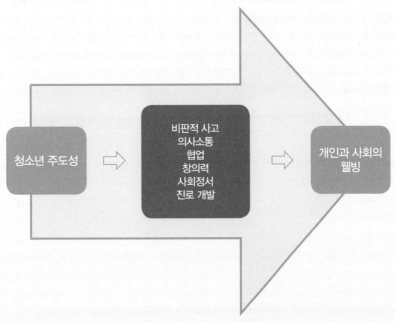

　이 책에서는 진흥원의 역량기반 청소년 활동 지표 6가지에 기초하여 청소년기관에서 청소년들의 핵심역량을 성장시켜가는 다양한 청소년들의 활동을 소개하고자 한다. 청소년들의 활동은 영역별로 지도자들에 의해 활동 주제가 주어지기도 하고 청소년들이 직접 주제를 정하기도 한다. 그러나 그 활동을 어떻게 할지 계획을 세우고 실행하며 평가를 하는 것은 전적으로 청소년들의 몫이다. 학교에서도 교과별로 다양한 토론 활동을 진행하고 수업 시간이나 방과 후에 교과 외의 활동도 진행하지만 청소년 시설에서 하는 활동은 서로 알지 못했던 청소년들도 하나의 동아리로 모여 규칙을 정하고 갈등을 해결해가면서 진행해나가기 때문에 청소년기 성장에 도움을 크게 줄 수 있는 활동이라고 자부한다.

청소년들의 활동이 처음 계획은 정리가 잘 안 되어 있고 또 계획과는 다르게 진행되더라도, 토론을 하면서 구체화하고 직접 해보는 과정을 통해 핵심역량을 성장시켜가고 있다.

그 과정에서 청소년들이 너무 오래 길을 잃지 않도록, 너무 험한 길 때문에 일어서기 힘들 만큼의 큰 상처를 받지 않도록 곁에서 지지하고 돕는 것이 어른의 역할이 아닐까? 비록 지금은 서툴고 어색하더라도 적극적으로 꿈꾸고 활동하는 속에서 청소년들은 행복을 느끼고, 성장한 역량은 청소년들이 살아가는 데 힘이 될 것이다. 아무쪼록 고양시청소년재단에서 펴낸 이 책이 청소년에게 실천의 용기를 주고, 어른들이 청소년들을 이해하고 지지하는 데 도움이 되었으면 한다. 또한 전국의 청소년기관에서 활동하시는 청소년지도자분들에게도 참고가 되었으면 한다.

2021년 6월,
고양시청소년재단 대표이사 박윤희

추천사

'오늘의 희망이 되는 청소년'을 기대하며

대한민국의 미래를 위해, 그리고 오늘의 청소년을 위해 쓰여진 『청소년 핵심역량 키워주는 꿈꾸는 활동』이 고양시청소년재단과 청소년 전문가분들의 지속적인 노력 끝에 출판된 것을 귀하게 생각하며, 부족한 입장에서 추천사를 쓰게 된 것을 감사하게 생각합니다.

이제 우리 앞에 다가온 4차 산업혁명은 익숙하게 들립니다. 하지만 그 본질에 대해서는 개념적인 오해가 있어 연구자들 사이에서도 논란이 있을 정도입니다. 현장 교사들은 미래교육의 중요한 흐름을 이해하고 현장에 적용하기 위해 학교나 지역사회에서 많은 학습과 교육 프로그램 개발에 힘쓰고 있습니다.

새로운 시대 변화의 반영이 필수인 미래교육의 흐름에 발맞추어 입시 위주의 획일적인 교육을 근본적으로 변화시키기 위해, 경기도교육청은 '마을과 함께 하는 혁신교육', '미래교육 기반 조성', '삶을 설계하는 진로 · 직업교육' 등 교육 현장에서 다양한 정책을 추진하고 있습니다.

경기 북부 지역 거버넌스의 중심축인 고양시청소년재단은 설립된 지 5년도 채 되지 않은 신생 재단입니다. 그러나 제가 아는 그 어떤 재단이나 시설·단체보다도 눈에 띄게, 미래를 맞이하기 위해 준비하는 청소년과 청소년지도사의 노력이 반짝이는 기관입니다.

이 책은 그러한 고양시의 청소년에 대한 애정과 청소년 연구에 대한 열정과 역량이 엿보이는 책입니다.

'비판적 사고', '의사소통', '협업', '창의력', '사회정서', '진로 개발' 6개 청소년 핵심역량을 키워주기 위해 고양시청소년재단에서 최근 운영했던 프로그램과 상세한 사례들, 청소년의 소감들을 현장에서 참여하는 것과 같은 생생한 표현으로 전달하고 있습니다.

이 책을 통해 우리는 청소년지도사뿐만 아니라 학교와 학부모들, 더 나아가 학생들과 자녀들이 가지고 있는 어려움과 고민에 대한 해법을 찾을 수 있을 것입니다. 저는 이 책이 미래에 대한 해법을 제시하는 것만이 아닌 청소년을 오늘의 주인공으로 만드는 역할까지 충분히 할 수 있을 것으로 믿어 의심치 않습니다.

― 최상권(경기도교육청 미래교육정책과 장학사)

청소년에게 핵심역량을 키워주는,
그리고 청소년에게 꿈을 꾸게 하는 활동

이 책은 청소년의 일상적인 생활과 미래에 살아갈 성인으로서의 삶 속에서 필수적으로 요청되는 핵심역량에 대해서 구체적이면서도 깊이 있게 다루고 있다. 그리고 현장에서 청소년지도사들이 청소년들과 직접 활동한 사례를 토대로 청소년들에게 필요한 핵심역량을 이해하기 쉽게 풀어내주고 있으며, 청소년뿐만 아니라 청소년에게 관심을 두고 있는 일반인들도 청소년교육현장과 활동현장에서 일어나는 역량개발의 모습들을 생생하게 이해할 수 있도록 했다.

청소년 활동을 단순한 체험 활동과 혼동하는 경우가 많다. 그러나 실제로 청소년 활동은 단순한 체험 활동 이상의 의미와 가치를 포함하고 있으므로 상당한 차이가 있다. 청소년 활동은 교육적으로 의미 있는 경험들을 제공한다는 내용을 포함하고 있다.

그리고 청소년기의 발달적 측면과 개별적 발달수준, 그리고 개인마다 특수한 요구조건과 상황을 고려해서 각각 필요한 역량을 맞춤형으로 개발 가능하도록 프로그램을 기획함으로써 이루어지는 질적인 측면에서 수준 높은 청소년 활동을 가정한다면, 이 책을 읽으며 상당히 많은 시사

점을 얻을 수 있을 것이다.

'청소년에게 핵심역량을 키워주는, 그리고 청소년에게 꿈을 꾸게 하는 활동'은 말 그대로 청소년 활동 현장에서 많은 사람이 꿈꾸는 이상적인 활동이다. 청소년 활동은 시험이나 성적과 무관한 상황에서 오직 청소년을 위해 기획되어야 하며, 청소년이 주인공이 되도록 해야 한다.

이 책은 청소년들로 하여금 자기 자신을 진지하게 마주하면서 '본인이 지금 무엇을 원하는지, 그리고 지금 느끼는 감정이 어떤지' 등에 대해 스스로 질문하면서 심층적인 교육적 성과물들을 창출하도록 한다는 점에서 상당히 의미 있는 내용들을 다루고 있다.

끝으로 이 책은 청소년 활동 현장에서 직접 청소년들과 교육적 만남을 창출하고, 교육적 상호작용을 통해 의미 있는 성과를 만들어나가고 있는 청소년지도자들에 의해 직접 기획되었으며, 다양한 현장경험과 활동사례들을 토대로 작성되었다는 점에서 청소년 활동에 종사하고 있거나 청소년 활동에 관심이 있는 모든 지도자에게 상당히 유용한 정보들을 제공해줄 것으로 기대된다.

– 김진호(한국방송통신대학교 청소년교육과 교수)

청소년들의 삶에 긍정적인 영향을 줄 수 있기를

최근 우리나라 학교 교육은 물론 청소년 활동도 역량을 중심으로 구성되어 운영되고 있다. 나는 대학에서 청소년 정책과 활동을 연구하고 가르치며 다양한 사례를 접하고 있기는 하지만, 이렇게 역량 중심으로 청소년들이 활동한 생생한 이야기를 엮어낸 책을 만나게 되어 매우 신선하고 반가웠다.

특히 청소년지도사들이 청소년 활동 현장에서 여러 업무로 바쁜 가운데도 이렇게 치열하게 활동한 결과물을 정리하여 책으로 출간하는 것은 결코 쉬운 작업이 아니었을 텐데, 이를 해낸 고양시청소년재단의 청소년지도사들에게 경의를 표하는 바이다.

이 책에 소개된 청소년 활동들이 갖고 있는 공통적인 특징은 청소년들이 다양한 활동에 참여하는 가운데 살아가는 데 필요한 핵심역량이 의도하지 않아도 자연스럽게 키워질 수 있도록 접근하고 있다는 것이다. 그렇기 때문에 이 책을 읽으면서, 청소년들이 활동 중에 생각하고 친구들과 협동하고 갈등하면서 스스로 결론을 내리고 마무리하는 과정 속에서 청소년들의 역량이 함양되고 있다는 것이 생생하게 다가왔다.

지역사회 청소년 수련시설에서 청소년 활동의 역사는 오래되었지만 어떤 내용의 활동들이 진행되는지는 모르는 사람들이 많다. 부모님들은 주로 자녀의 학업에 관심을 두고 있기 때문에 청소년 활동에 대한 인식은 부족하지 않을까 싶다.

청소년과 학부모들이 이 책을 보면서 '지역사회 청소년 수련시설에서 어떤 청소년 활동이 진행되고 있고, 그러한 활동들을 통해 어떤 역량이 키워질 수 있는지'를 생생하게 느끼고 자신에게(또는 자녀에게) 어떤 활동이 필요한지 등에 대한 인식을 갖게 될 것으로 생각한다.

이 책은 청소년 현장의 사례를 중심으로 쉽게 쓰여 있어서 청소년과 학부모뿐만 아니라 청소년학을 배우고 있는 학생은 물론 연구자들에게도 많은 도움이 될 것으로 확신하며, 이 책을 만들면서 시작된 노력이 청소년들의 삶에 긍정적인 영향을 줄 수 있기를 기대한다.

– 유성렬(백석대학교 청소년학 전공 교수)

청소년들의 핵심역량을 키워줄 새로운 차원의 정보

우리 청소년들이 살아갈 미래사회는 복잡하고 불확실성이 높습니다. 전 세계가 급속도로 변화하는 세상 속에서 우리 사회를 행복하게 만들어 갈 미래 인재 양성에 대해 고민하고 있습니다.

미래 사회 필요한 핵심역량은 학교 교육과 더불어서 학교 밖 다양한 청소년 체험활동을 통해서 키울 수 있습니다. 이 책은 고양시청소년재단 직원들이 청소년들의 핵심역량을 키워주기 위해 직접 운영한 프로그램의 생생한 현장 기록입니다. 초 · 중 · 고등학생 자녀를 둔 학부모와 학교 교사, 청소년지도사들에게 유용한 정보가 될 것입니다.

핵심역량별 6개 장으로 나눠서 역량 개발에 도움이 되는 청소년 체험 활동 프로그램의 지도방법과 활동에 참여한 청소년들의 소감까지 자세하게 수록하였습니다. 독자분들께서는 청소년기관 프로그램을 통해서 청소년들의 핵심역량을 키워줄 새로운 차원의 정보를 얻을 수 있습니다. 책에 소개된 프로그램은 청소년들이 자율적으로 참여할 수 있고, 평소 흥미도가 높은 주제와 교육적 함의가 담겨 있는 프로그램으로 기획되었습니다. 청소년은 즐겁게 프로그램에 참여하고 나니 모르는 사이에 핵심 역량이 성장했다는 놀라운 경험을 하게 될 것 같습니다.

청소년 분야에서 청소년지도사가 핵심역량을 주제로 직접 실천한 사례 경험기록은 고양시청소년재단이 처음일 것으로 생각합니다. 코로나 팬데믹 상황에서도 청소년 미래 역량 개발을 위해 노력한 임직원 노고가 페이지마다 소중하게 담겨 있습니다.

– 김진상(서울특별시청소년시설협회 협회장)

목 차

1장 비판적 사고

2장 의사소통

3장 협업

4장 창의력

5장 사회정서

6장 진로 개발

청소년

핵심역량

키워주는

비판적 사고

비판적 사고

청소년기에는 점점 복잡한 사고를 할 수 있게 된다.

"비판적 사고(Critical thinking)란 발견하고 상황을 분석 및 평가하며, 생각들과 정보를 표현하고 해석하는 능력이다."(세계경제포럼, 2015)

"새로운 관점으로 문제를 바라보고 주제와 원칙에 따라 배움으로 연결하는 것이기도 하다."(청소년 활동진흥원, 2019)

이것이 가능하게 하기 위해서는 정보를 분석하고 추론하며 종합, 평가, 설명할 수 있는 경험들이 쌓여야 한다. 또한, 사실을 왜곡하거나 주관적인 견해를 고집하기보다 비록 자신과 다른 관점일지라도 존중하는 태도가 필요하다.

O 결과를 예측해본다.
O 어떤 일을 하고 있을 때 그 일의 부분적인 사항들과 최종 목표와의 관계를 파악한다.
O 다른 사람들이 말을 할 때 그 말이 논리적인지 또는 앞뒤가 맞는지 따져본다.
O 복잡한 글을 읽고 이해하려 한다.
O 어떤 상황에 대해 객관적이고 알맞은 근거를 바탕으로 판단하고 평가한다.
O 어떤 주장에 대해 판단할 때 다양한 관점에서 생각해본다.

1. 공원의 변화를 만들어가다

고양시의 대표적인 특징은 공원이 많다는 것이다. 덕양구에도 34개의 공원이 있는데 공원의 이용자 대부분이 성인이며, 주로 산책을 위한 단순 기능으로만 활용되고 있다. 이 프로젝트는 바로 이 문제의식에서 출발했다.

공존(共Zone)공원은 공원의 기능과 변화의 필요성을 탐구하고 변화를 만들어가는 지역 참여 활동이다. 청소년이 지역 주민과 공원을 공유한다는 의미로 '공존공원'이라는 이름을 붙였다. 첫 번째 대상으로 고양시에서 다섯 번째 규모로 큰 덕양구의 대표적 공원의 하나인 지도공원을 선택했다.

공원을 어떻게 활성화할까?

참여 청소년들은 '이음새'라고 이름을 지었다. 이음새는 '두 물체를 이은 모양새, 즉 접합 구조'를 뜻한다. 이러한 사전적 정의를 토대로 하여 사람과 문화를 잇는 역할을 한다는 의미를 반영해 이름을 붙였다.

5월 2일, 오리엔테이션에서는 '우리가 왜 공원 문화 조성 프로젝트를 해야 하는가?'를 논의했다. 일주일 후에는 청소년들이 직접 공원을 알아보는 활동에 들어갔다. 당일 우천 소식을 미리 듣고, 영상을 찍어놨다가 활동 당일 돌려보며 모니터링하였다.

'어떻게 하면 지도공원을 활성화할 수 있을까?'

영상 자료를 통해 지도 모니터링을 진행한 후, 지도공원이 지닌 강점, 약점, 기회, 위협 요인을 정리하였다.

강점(S)	약점(W)
넓다. 자연을 느낄 수 있다. 운동 시설이 다양하다. 여가 생활을 할 수 있는 곳이다. 산책길이 잘되어 있다. 모든 사람이 이용할 수 있다. 반려동물이 많다.	특색이 없다. 차가 많이 다닌다. 차도, 인도, 자전거 도로의 구분이 명확하지 않아 위험하다. 앉아서 쉴 곳이 부족하다. 공원이 엄청 넓은 데 비해 안전, 편의 시설이 부족하다. 프로그램 활성화가 잘되어 있지 않다. 비어 있는 공간이 많다. 반려동물 관련 문제가 많다.
기회(O)	위협(T)
공연할 수 있는 장소가 많다. 이벤트를 할 수 있는 장소가 있다. 도심 한복판에 있어 접근하기 쉽다. 시설이 부족하지만 늘릴 수 있는 공간이 있다. 홍보할 수 있는 거리가 있다. 공원 변화를 위한 봉사 활동을 열 수 있다.	차도 관련 안전 문제가 발생할 수 있다. 소음 문제가 있다. 벌레가 많다. 주차장이 많지 않다. 시설이 오래되었다. 코로나19

그리고 청소년들이 지도공원에서 할 수 있는 활동을 적어보았다.

— 지도공원을 홍보한다.

— 야외 전시회를 열 수 있는 공간을 만든다.

— 야외 공연 또는 축제를 개최한다.

— 나무 심기 활동을 진행한다.

— 열린 도서관을 만든다.

— 좋고 다양하고, 안전한 시설 설비를 제안한다.

— 안전 관련 활동을 진행한다.

— 이정표를 제작한다.

그 후, 한 달 동안 이음새들은 고양시의 특성, 고양시 공원, 지도공원, 공원 우수 사례 4개의 주제 중 하나를 골라 공원에 대해 자유롭게 정리했다. 이메일로 보내온 과제는 책 한 권으로 완성되었다.

공존공원 과제가 보고 싶다면

상상하며 즐거운 공원 스케치하기

6월 20일, 공존공원 이음새 청소년들은 오랜만에 다시 만나 공원에 관해 이야기를 나눴다. 조감도를 보면서 상상하며 본격적으로 즐거운 공원을 만들어가는 활동을 진행했다. 팀별로 꿈꾸는 공원, 만들고 싶은 공원을 구상하고 아이디어를 쏟아내면서 밑그림을 완성하고, 앞에 놓인 재료를 활용하여 청소년들이 꿈꾸는 공원을 작품으로 탄생시켰다.

그다음 주에는 지도공원 프로젝트에 영감을 불어넣기 위해 서울시에 있는 보라매공원으로 벤치마킹을 하러 떠났다. 입히고(디자인), 즐기고1(문화), 즐기고2(놀이), 꺼내고(인식 개선), 지키고(안전)의 5개 팀으로 활동했다.

테마명	주제	활동 내용
입히고	디자인	보라매공원에서 디자인 영감 얻기 – 디자인지도 만들기
즐기고	문화/놀이	보라매공원에서 느낄 수 있는 문화 – 문화지도 만들기
꺼내고	인식 개선	보라매공원에서 벌어지고 있는 것들 (수다, 산책, 공연 등) 공원 이용자들의 문화는 어떠한가? (에티켓 등)
지키고	안전	보라매공원의 안전 – 안전지도 만들기
잘된 점, 보완할 점 등 사진 촬영하고 맵 또는 영상 만들기		

7월 초, 지도공원 이용자들을 직접 만나 의견을 들어보기로 했다. 어떻

게 하면 많은 지역 주민분들이 참여해주실 수 있을까 고민하며 이음새들이 머리를 맞대었다. 4개 팀이 나뉘어 캠핑 테이블과 간이의자를 각 장소에 설치하고 이용자 요구 조사를 진행하였다. 지역 주민이 있는 곳으로 직접 달려가 설문 조사를 부탁하기도 했다. 공원 이용자들도 이런 청소년들의 열정에 140명이 넘는 주민들이 설문에 참여해주었다. 이음새들은 카카오톡 홍보로 온라인 참여를 유도하고, 응답자에게는 얼린 음료수를 증정했다.

설문 조사지를 정리했는데, 절반 이상이 운동하기 위한 목적(55.3%)으로 지도공원을 찾는다고 답했다. 지도공원에서 부족하거나 보완이 시급한 시설 중 1순위로 쓰레기통 설치를 꼽았고, 이용 활성화 방안으로 우선되어야 할 점으로는 공원 시설물의 개보수 및 확충이 가장 높게 나타났다. 또 휴식 공간 이용, 공중화장실 이용, 펫티켓 준수 등에 대해 다소 만족하지 못한다는 응답을 보였으나, 이와는 대조적으로 응답자 대부분이 지인에게 지도공원을 추천하고 싶다고 한 결과로 미루어보아 지역 주민들이 지도공원에 얼마나 큰 애정과 관심이 있는지 알 수 있었다.

공원의 채색 - 기획과 진행

8월 8일, 테마 프로젝트 기획 회의가 진행되었다. 프로젝트명부터 활동 준비 일정, 역할 분담까지 모두 이음새의 손으로 만들어가야 하고, 또

팀원들 간 협의가 절대적으로 이루어져야 하는 작업이라 더 오랜 시간 이야기를 나눌 수밖에 없었다. SWOT 분석, 모니터링 결과, 과제 자료집, 이용자 욕구 분석 결과 등 차곡차곡 쌓은 데이터들이 빛을 발하는 순간이었다.

이후 각각 팀에서 진행할 세부 프로젝트를 정하고 분업화하면서 필요한 물품을 찾고 목적과 준비 일정들을 채우면서 하나의 기획안이 완성되었다. 지도공원을 담당하는 고양시청 푸른도시사업소 부서 공무원들이 긍정적으로 바라봐준 덕분에 청소년들은 활동에 대한 힘을 얻을 수 있었다. 더불어 청소년을 위한 공간을 청소년의 시각에서 만들었으면 좋겠다는 격려가 활동 방향을 잡는 것에 도움이 되었다.

팀명	프로젝트명
입히고 팀	**공유도서관** 실외용 수납장을 구매하고 잔디광장과 약수터 방향에 공유도서관 설치, 기증받은 책과 손소독제 비치
즐기고1 팀	**수목 표찰 제작, 바닥놀이 페인팅** 숲 해설가의 도움으로 제작 로켓 모양 사방치기 페인팅 하기
즐기고2 팀	**문화가 있는 토요일** 관람자가 공감, 공유, 공존 키워드에 맞는 사진을 골라 부착 비즈팔찌 만들기, 스크래치 엽서 만들기
꺼내고 팀	**펫티켓 캠페인** 반려동물이 많이 모이는 공원이라 반려동물 놀이터를 설치하고 목줄 착용, 배설물 담아가기 등 캠페인 진행

활동이 본격적으로 진행될 8월, 전면 비대면으로 전환하는 변화를 맞이했다. 사실 프로젝트 진행은 이미 준비를 마쳤기에 청소년들이 할 수 있는 공존의 밤 축제를 6일간 비대면으로 변경해 진행하기로 했다.

합작의 미

언택트 공존공원 축제는 9월 21일부터 26일까지 6일간 진행되었다. 약 500여 명이 넘는 지역 주민이 언택트 공존공원 행사에 참여했다. 많은 청소년과 가족들이 공원에서 활동하면서 웃음 짓던 모습들이 아직도 생생하다. 반짝반짝한 LED 풍선을 들며 수목 표찰 미션에도 참여하고 초콜릿 메달도 받고 기념사진도 찍으며 행복한 추억을 만들었다.

평가회의

공존공원의 마지막 평가회는 비대면으로 진행했다. 때마침 평가회 날이 핼러윈 데이라, 이음새들은 화려하게 비대면 핼러윈 축제로 마무리를 장식하기로 했다. 평가회에 필요한 물품들은 이전에 진행했던 테마 프로젝트 활동을 마친 후, 활동 수료증과 함께 핼러윈키트를 전달했다.

이음새 청소년들이 미리 준비할 수 있도록 안내문도 함께 작성하여 동봉했다.

본격적으로 진행된 평가회는 여러 가지 온라인 툴을 활용해서 이루어졌다. 이음새 청소년들이 한 단어로 표현한 활동 소감의 가장 빈도수가 많았던 키워드는 '꿀잼'이었다. 꽤 긴 시간 동안 다양한 활동이 진행되었던 공존공원 프로젝트에서 이음새들이 느낀 감정은 '즐거움'이었다. '경험'이라는 단어도 정말 많이 나왔는데, 청소년들이 생각하는 공존공원은 '색다른 경험', '재미있는 경험', '특별한 경험'이었다.

청소년들이 공원 모니터링과 개별 과제를 통해 지역에 있는 공원을 직접 알아보고 장단점 분석, 이용자 요구 조사를 직접 진행하기도 하면서 객관적으로 분석하는 활동을 진행하였다. 이 과정을 통해 청소년들의 비판적 사고가 성숙해졌다.

유나: 공원을 전보다 훨씬 밝아진 모습으로 만들었다. 수목 표찰로 많은 사람이 더 공원에 관심을 가질 수 있게 된 것 같다.

지현: 시민들이 즐기는 모습들을 보면서 나 또한 알찬 시간을 보냈다. 지도공원의 보이지 않던 경계가 풀어진 것 같다.

나연: 문제를 찾아내고 그것을 어떻게 좋은 방향으로 이끌어갈 수 있을까를 고민하는 과정에서 정말 많은 것을 즐겁게 배울 수 있었다.

지원: 내가 직접 기획하고 내가 손수 작업한 활동들로 공원을 이용하는 사람들에게 도움이 되고 웃음을 선물해줄 수 있어 값진 시간이었다.

민건: 이 프로젝트를 진행하며 공원에 대해 새로운 생각을 할 수 있었다. 공원이 함께 어울리는 소통과 문화생활을 즐길 수 있는 곳으로 탈바꿈할 수 있다는 것을 알았다.

2. 지방정부 정책에 참여하는 청소년

청소년기본법 제5조의2는 청소년의 자치권 확대 조항이다. 이 자치권은 2012년 새롭게 들어갔는데 청소년을 주체적 시민으로 보고 국가 및 지방자치단체의 정책에도 청소년들의 의견이 반영될 수 있노록 하였다.

2017년 말 신설된 제4항에는 이렇게 되어 있다.

'국가 및 지방자치단체는 청소년 관련 정책의 수립과 시행과정에 청소년의 의견을 수렴하고 참여를 촉진하기 위하여 청소년으로 구성되는 청소년참여위원회를 운영하여야 한다.'

지역마다 이름은 달리하고 있지만 청소년차세대위원회는 청소년의 의견이 지방자치단체 청소년 정책에 바로 반영될 수 있는 대표 청소년참여기구이다. 청소년차세대위원회는 지역별 여건에 따라 참여 청소년의 대표성을 높이기 위한 구성 방식을 다양하게 선택하고 시행하도록 하는데, 고양시는 공개 모집을 원칙으로 한다.

고양시 청소년들에게 부족한 것, 필요한 것은 무엇일까?

오리엔테이션, 첫 만남에는 편안한 분위기를 조성하여 연임 위원과 신규 위원들이 소통하는 자리를 가졌다. 청소년들도 성인과 똑같이 지역사회 구성원이며, 특히 고양시의 경우 100만 인구 중 약 20%가 청소년이라는 것, 청소년도 시민으로서 권리를 요구할 수 있다는 것에 대해 인지할 수 있는 시간이었다.

다음 만남에서는 위원회의 위원장과 부위원장 선출이 있었다. 이어서 청소년과 시민은 누구인지, 청소년의 권리, 차세대위원회의 역할에 대해 생각해보는 시간을 가졌다.

본격적으로 청소년 정책 및 사업을 제안하기 전, 위원들은 고양시 청소년들의 일상생활에 실제로 부족한 것, 필요한 것이 무엇인지 파악하길 원했다. 그래서 청소년들에게 설문 조사를 하기로 했다. 설문 조사 과정은 크게 '분야 나누기 → 질문 정하기 → 설문 조사 진행하기 → 분석하기'의 4단계로 진행되었다.

- 분야 나누기 : 고양시 청소년들의 일상생활 중 전반적인 부분을 설문지에 담기 위해 안전/진로/학교/문화 4개의 분야로 설문지를 구성했다.
- 질문 정하기 : 청소년들이 자신의 일상생활 중 지역사회에 부족하거나 더 필요하다고 생각되는 부분을 떠올릴 수 있어야 하는 점을 염두에 두고 20개의 질문을 정했다.
- 설문 조사 진행하기 : 열심히 준비한 설문 조사가 의미 있는 조사가 되기 위해 차세대위원들은 온라인으로 홍보하였고, 또한 9세부터 24세까지 다양한 연령대 청소년들의 생각을 듣고자, 자신이 소속된 학교나 지인을 통해 교내 게시판에 설문 홍보 포스터를 부착해 설문 조사를 하였다.
- 분석하기 : 고양시 관내에 거주하거나 고양시 소재의 학교에 재학

중인 119명의 청소년이 설문 조사에 참여하여 차세대위원들이 정책을 구상할 수 있을 정도의 데이터가 모여졌다. 차세대위원들은 설문 결과를 도표로 정리하여 자신의 의견, 경험을 덧붙이면서 분석하는 시간을 가졌다.

청소년의 일상생활 설문지 구성은 다음과 같다.

0. 나이

#여가

1. 고양시 내에 청소년을 위한 여가 시설이 잘 갖추어져 있다고 생각하시나요?

　1-1. 어떤 점이 잘되어 있다고 생각하시나요?

　1-2. 개선했으면 하는 부분은 무엇인가요?

#안전

1. 고양시 내 거주하면서 밤늦게 귀가 시, 안전하다고 생각하시나요?

　1-1. 안전하지 않다고 생각하신 이유는 무엇인가요? (복수 응답 가능)

　1-2. 위험하다고 생각한 장소에 CCTV가 작동되고 있었나요?

2. 재난 발생 시에 대한 대처 교육을 받은 적이 있으신가요?

　2-1. 재난 대처 교육이 도움이 되었나요?

　2-2. 어떤 점이 개선되어야 한다고 생각하시나요?

#진로

1. 학교에서 진행되는 진로 교육 및 활동에 만족하시나요?

  1-1. 어떤 점이 만족스러웠나요?

  1-2. 본인이 느꼈던 문제점과 그 해결 방안은 무엇인가요?

2. 고등학교 진학 시 입시에 어려움을 느꼈나요?

  2-1. 어려움을 느꼈다면 그 이유는 무엇인가요?

  2-2. 고등학교 입시를 위한 입시 기관이 필요하다고 생각하시나요?

#학교

1. 학교를 다니며 불편함을 느끼는 게 있으시나요?

  1-1. 왜 불편함을 느끼시나요? (복수 응답 가능)

2. 학교생활에서 부적절하다고 생각하는 규정이 있으신가요?

3. 학생 인권이 잘 보장된다고 생각하시나요?

  3-1. 어떤 부분에서 보장되지 않는다고 생각하셨나요?

고양시 청소년을 위한 정책, 사업을 고민하다

청소년차세대위원회 활동의 꽃은 지역사회 청소년을 위한 정책과 사업을 제안하는 활동이다. 위원들은 설문 조사 결과를 분석하고 이를 바탕으로 실질적으로 청소년들에게 필요한 정책과 사업을 분야별로 팀을 나누어 구상하였다.

정책과 사업을 제안하려면 같은 정책, 사업과 겹치는 부분이 있는지, 같은 의도의 정책, 사업이 있다면 부족한 점이 무엇인지, 다른 지역에서는 같은 의도의 정책, 사업을 어떻게 운영하고 있는지 등을 알아야 할 필요가 있어 현실적인 조사도 병행했다.

'자치법규 정보시스템'에서 고양시 및 다른 지역의 조례를 검색하고 인터넷을 통해 정책, 사업에 대해 검색했다. 그리고 현실적으로 실현할 수 있는지 예산을 책정해보고, 지도자와 함께 논의해보는 등의 과정을 거쳤다.

이를 통해 차세대위원들은 4개 분야에서 총 9개의 고양시 청소년 정책, 사업을 제안하게 되었다.

– 안전
① 고양시 학원가 CCTV 현황 팻말 설치
② 청소년 안심 귀갓길 지도

– 진로
① 공공기관에서 진로 설명회 실시
② 고양시 지역사회 직업 전문가에게 듣는 진로 정보

– 학교

① 진로 특강 활성화

② 학교 카카오톡 오픈채팅방

– 문화

① 체육복 등교 허용 및 복장 규정 완화/개선

② 학교 축제와 청소년 시설의 연계

③ 기존 여가 시설을 활용한 청소년 공간 확대

정책과 사업 전달하기

제안서까지 완성한 후 각 팀의 정책과 사업을 발표하며 보완해야 할 점에 관해 서로 이야기를 나누었다. 또한, 준비한 9개의 정책과 사업이 지역사회에 전달되도록 매년 본 회의를 개최하는 고양시청소년의회 의장과 부의장을 초대하여 공유회를 가졌다. 공유회 때 나온 피드백은 정책 제안서 책자에 반영하였다. 그리고 지방자치단체에 이를 전달했으며, 조례로도 반영되었다.

차세대위원회는 '지역사회 청소년 의견 반영'이라는 뚜렷한 목적이 있는 참여기구이다. 평소 학교에서 배우는 사회 과목의 실전편으로 볼 수 있다. 나와는 관계없다고 생각했던 정책이나 지역사회 서비스를 조사하면서 새로운 지식, 기존 정책이나 사업의 개선점, 보완점들을 깨닫게 된다. 그리고 이 정책을 제안했을 때의 결과를 예측해보고 과정 중에 다른 청소년들의 논리가 맞는지도 생각해보고 다양한 관점을 알게 된다. 참여 활동, 캠페인 활동 등 지역사회에 다양한 방법으로 영향을 준 이 청소년들이 성인이 되어 민주시민으로 살아가는 모습을 상상해본다.

청소년들의 활동 소감

"시에서의 문제점, 청소년들을 위한 정책 등을 인식하고 조사해보게 된 의미 있는 시간이었다. 내가 사는 지역에 대해 더 관심을 갖게 되었고 청소년 참여의 중요성을 배웠다."

"고양시 청소년으로서 고양시의 문제에 대해 생각해보며 문제를 인식할 수 있는 능력을 향상할 수 있었다."

"고양시 청소년들의 다양한 의견을 들어볼 수 있어서 좋았고, 내가 생각해보지 못한 부분을 생각해보는 것이 가장 많이 도움이 됐다."

"청소년들이 어떠한 것, 위험한 것을 감지하여 정책을 제안한다는 것이 정말 뜻깊었던 활동이었다. 내년에 더 많은 사람이 알고 참여했으면 좋겠다."

"처음으로 하는 것이라서 서툴고 어색했는데, 새로운 경험이었고 생각의 폭이 넓어진 것 같아서 뜻깊었던 활동이었다."

"우리의 활동으로 고양시에 변화가 생긴다는 점이 알게 모르게 뿌듯함을 주는 것 같다. 이렇게 좋은 활동을 할 수 있게 해주셔서 참 감사합니다."

3. 지역사회 문제, 청소년 스스로 해결하기

가난, 우정, 대화를 위한 교육을 교육 이념으로 가지고 있는 대안학교인 고양자유학교 9학년(중등 3학년)으로 구성된 '보이저(Voyager) 9호'가 시민으로서 지역사회 문제를 탐구하며 해결하고자 하는 프로젝트를 진행했다.

청소년들은 학교에서 분리수거를 하면서 학교 인근 지역사회의 쓰레기 배출에 관심이 가게 되었고, 쓰레기 문제를 해결하는 활동을 해보기로 하면서 일산서구수련관에 하고 싶은 활동으로 지원을 했다.

이 활동은 청소년들이 쓰레기 무단 투기를 바라보는 시민으로서의 문제의식에서 출발하여 토론을 통하여 버려지는 쓰레기가 누구와 관련이 있는지, 어떠한 문제점이 있는지, 어떻게 해결할 것인지 활동의 목표를 세우고 실천하고 평가하는 과정으로 진행되었다.

발견 문제	변화 방향
1. 불법 쓰레기 매립, 방치 2. 쓰레기 수출 3. 쓰레기 처리 시설 부족 4. 과도한 쓰레기 배출 5. 사람들의 쓰레기에 대한 잘못된 인식	1. 쓰레기에 대한 사람들의 태도, 인식을 개선 2. 과도하고 불필요한 쓰레기 배출을 하지 말기 3. 잘못된 쓰레기 처리 방식을 개선

쓰레기 때문에 고통받지 않으려면

보이저 9호 팀은 쓰레기에 대한 사람들의 태도 및 인식을 개선, 잘못된 쓰레기 처리 방식 개선, 쓰레기 때문에 고통을 받는 사람들을 보호, 변화하는 데 도움을 줄 방법을 좀 더 구체화했다. 세 개 팀으로 나뉘어 프로젝트 설계카드를 활용하여 탐색 활동을 했다.

질문	답
1. 이 주제는 누구와 관련이 있는가?	학교 구성원(학생과 선생님), 버스정류장 이용자, 인근 공장, 편의점, 식당, 동네 주민, 환경미화원, 시청 공무원
2. 이 주제가 있다는 것을 어떻게 알게 되었는가?	걸어 다니다 보면 눈에 띈다. 학교에서 분리수거 역할을 맡고 있다 보니 쓰레기 문제에 관심이 간다. 쓰레기를 주제로 잡고 조사하던 중 길거리 쓰레기 문제를 알게 되었다.
3. 반복적으로 발생하는 장소는 어디인가?	학교 정류장, 수로들, 편의점 앞 전봇대, 학교 뒷산
4. 이 문제가 지속되면 어떻게 될까?	미관이 안 좋아진다. 악취가 난다. 정류장 의자를 이용할 수 없다. 처리 비용이 발생한다. 무단 투기가 더 많아진다. 주민과 학교 사람들의 생활이 불편해진다.

궁금한 건 직접 알아보자

보이저 9호 팀은 설문 조사와 직접 방문을 통해 학교 학생들과 구청 공무원, 버스 정류장 인근 식당 사장님, 편의점, 근처 공장 직원을 대상으로 직접 알아보았다. 그리고 고양자유학교 학생들에게는 설문 조사를 돌려 의견을 듣고, 구청 공무원 등을 직접 방문하여 면담했다. 그리고 고양자유학교 6, 7, 8학년(초등6~중등2) 35명을 대상으로 설문 활동을 하여 결과를 정리하였다.

'평소 학교 정류장이나 길 주변에 쓰레기가 많나요?'라는 질문에 94.6%가 그렇다고 대답했고, 쓰레기로 인해 불편한 점이 있냐는 질문에도 64.9%가 있다고 대답했다. 불편한 점과 개선될 점에 대한 응답은 다음과 같았다.

- 미관상 더럽다.
- 냄새가 난다.
- 파리가 꼬인다.
- 정류장 의자에 못 앉은 적도 있다.
- 껌이 밟힌다.
- 담배꽁초가 싫다.
- 쓰레기통을 정류장에 비치한다.

– 쓰레기를 버리지 말고 줍는다.

– 쓰레기 버리지 말자고 종이를 붙이자.

– 안 나아질 것 같다.

목표 세우고 실천하기

지금까지 조사한 자료를 보면서 무엇을 어떻게 할 수 있을지 논의를 하여 다음의 실천 계획을 세웠다.

1. 불법 투기 예방 표지판 제작 ——→ 직접 제작하여 설치하기

2. 수로 시설 보수 공사 의뢰 ——→ 구청에 온라인 민원하기

3. 학교 주변 쓰레기 수거 요청 ——→ 구청에 온라인 민원하기

4. 우리의 활동 지역사회 알리기 ——→ 지역사회 캠페인 실시

5. 분리수거 시설 설치 의뢰 ——→ 정책으로 제안하기

무단 투기를 예방하기 위한 수로 시설 보수 요청을 위해 구체적인 시설 도안을 만들어서 온라인 민원으로 제시했다. 비록 원하는 답변을 얻지는 못했지만 직접 해보고 답변을 들을 수 있는 것만으로도 좋은 경험이었다. 학교 주변 쓰레기 수거를 요청하여 깨끗하게 치워졌고, 꾸준히 살펴보고 계속 요청하기로 했다.

또한, 지역사회 나눔 장터가 열려서 많은 시민이 오가기 때문에 여기

에 가서 활동 진행 상황을 알리고 캠페인을 전개했다. 그리고 함께 대형 종이에 활동 내용을 적고, 분리수거 OX퀴즈, 분리수거 게임, 장바구니 사용 독려를 했다.

불법 투기 예방 표지판

정책으로 제안하자

이제 계획한 활동 중 분리수거 쓰레기통 만들기가 남았다. 직접 만드는 것은 어렵다고 판단하여 그동안 우리의 활동을 정리하면서 청소년정책제안대회에 나가서 제안하기로 했다. 보이저 9호 팀 중 6명이 정책제안 팀을 구성했다. 학교 근처를 넘어서 고양시 전체를 대상으로 범위를 확장하여 '고양시민과 함께 만드는 길거리 쓰레기통'이란 제안으로 서류를 접수했다. 그 결과, '시장상'을 수상하여 그동안 고생했던 것에 대한 작은 보상을 받았고, 청소년들의 문제의식을 지역사회에 알릴 수 있었다.

이 활동을 통해 청소년들은 문제를 발견하고 상황을 분석 평가하며, 생각들과 정보를 모았다. 그뿐만 아니라 상대방의 의견을 경청하면서 자신과 의견이 다르다는 것을 알게 되었고, 의견을 모아 협력해가는 과정(다양한 가치의 수용, 적극적 경청, 사람 신뢰)을 통해 역량이 성장했다.

청소년의 활동 소감

기태: 시민들이 쓰레기 문제를 심각하게 생각하고 있다는 것, 이런 문제를 돌파해나가려는 사람들이 생각보다 많다는 것 등 여러 가지로 새로 알고 배우는 기회가 되었다.

건후: 문제를 여러 방식으로 접근하고 해결할 수 있는 능력이 조금이나마 생겼다.

경후: 발표를 하거나 연락을 할 때 피하기만 했었는데 이 프로젝트를 하면서 그런 것들이 완화되고 점점 나설 수 있게 된 것 같다.

은솔: 처음 프로젝트를 시작할 때 나에 대한 믿음이 없었는데 많은 것들을 해나가다 보니 나에 대한 믿음이 올라갔다. 프로젝트를 해결해나가는 일들 속에서 내가 더 성장한 것 같다.

서연: 앞으로도 내가 무언가를 해결하고자 할 때 한 가지의 방법이 아니라 여러 가지 방법을 시도해서 문제 해결을 더 잘할 수 있게 되면 좋겠다.

혜성: 이 프로젝트를 하면서 잘 모르는 사람에게 먼저 말을 걸거나 부탁하는 것을 꺼리지 않게 되었다. 아마도 인터뷰, 설문, 전화 문의, 부스 진행 등의 활동의 영향인 것 같다.

윤지: 초반에는 프로젝트에 대한 확신이 충분하지 않아 지쳐갔지만, 하나의 과제를 마칠 때마다 성취감이 생겼다. 열심히 노력하면 그것이 결과로 나타난다는 걸 다시 한번 깨달았다.

4. 더 안전한 자전거 이용을 위하여

이 활동은 고양시 대화고등학교 동아리 'O.M.S' 팀이 자전거 통학을 하면서 평소에 느꼈던 자전거 도로에 대한 문제의식에서 시작되었다.

"고양시 자전거 산업에 대한 문제점을 해결하고 싶다.

자전거 관련 사업은 타 지역에 비해 상대적으로 부족하다.

자전거 도로는 부분적으로 만들어져 있어 위험성이 도사리고 있다.

이번 프로젝트를 통해 자전거를 탈 때, 조금 더 안전한 환경으로 바뀌길 희망한다. 사회에 나갔을 때 필요한 문제 해결 능력, 사고력 등을 키울 수 있게 해줄 소중한 기회라고 생각한다."

– 일산서구수련관에 제출한 프로젝트 신청서 중에서

어떻게 해야 할까?

처음에는 '고양시 자전거 산업 문제 해결'이란 주제를 설정했다. 그런데 정말 고양시 전역의 자전거 산업과 관련된 것을 바꿀 수 있을까? '그렇지 않다'는 의견이 다수였다. '그럼 어떻게 해야 할까?' 하고 질문은 한층 더 깊어졌고 세 개 팀으로 나누어 논의를 계속해갔다.

질문	답
1. 이 주제는 누구와 관련이 있는가?	자전거를 이용하는 학생, 시민, 자전거 이용자, 보행자, 대화고 주변 거주자
2. 이 주제가 있다는 것을 어떻게 알게 되었는가?	가좌교에 자전거 다닐 길이 없어서, 직접 자전거를 타보아서, 보행 중 자전거와 충돌할 뻔해서, 집 앞에 있는 위험한 자전거 도로를 보고.
3. 반복적으로 발생하는 장소는 어디인가?	가좌교, 호수로, 학교 주변, 학원가
4. 왜 이 문제가 발생할까?	충분하지 않은 자전거 도로, 자전거 이용하는 사람 증가, 자전거 도로에 무관심한 시청, 문제 해결 욕구가 보이지 않는 자전거 이용자
5. 이 문제가 지속되면 어떻게 될까?	자전거 이용 불편, 보행자 통행 방해, 사고 발생 증가로 안전 위험, 자전거를 이용하지 않는 시민 증가

다른 관점에서 질문 던지고 조사하기

"우리만 자전거 이용 환경 개선이 필요하다고 생각하는 건 아닐까?"

"필요하긴 한데, 우리가 원하는 대로 보수가 가능할까?"

"(시청에서) 이미 계획이 있는데 우리가 모르는 건 아닐까?"

궁금한 것들을 포스트잇에 적고, 설문지, 관찰, 인터뷰 중 어떠한 자료 조사 방법으로 정답을 찾을 수 있을지 구별하였다. 설문지, 관찰, 인터뷰의 3개 조로 나누어 계획을 세우고 조사에 들어갔다.

관찰 팀은 학교 주변 등굣길과 호수공원을 중심으로 1차 관찰 계획을 세웠다. 도로의 상태를 직접 관찰하고 사진으로 기록하기로 했다.

1. 일산호수공원은 자전거 도로가 잘 설치되어 있었다. 그러나 부분적으로 보수가 필요하다.
2. 대화고등학교 등굣길은 자전거보행자겸용도로 설치가 잘 되어 있다. 문제는 좁다는 것이다. 자전거전용도로와 인도를 구분하는 것이 가장 좋은 해결책인데 자동차 도로도 좁아서 분리도 어렵고 확장도 어려울 것 같다.
3. 가좌교(대화마을~가좌마을)는 자전거 도로가 많이 훼손되어 있었고 너무 좁아서 자전거 주행과 도보 이용이 어려운 상황이었다. 그래서 자연스럽게 자동차 도로를 이용할 수밖에 없었으며, 또한 자전거겸용도로임을 알려주는 표지판도 설치되어 있지 않았다.

설문 조사팀은 설문지를 작성하여 학교 친구들을 대상으로 조사를 했다. 설문지를 배포하고 회수하여 통계까지 내었지만, 팀원들 간의 커뮤니케이션이 부족하고, 한정적인 설문지 문항으로 인해 결과가 만족스럽지 못했다.

인터뷰 팀은 등하교 및 출퇴근을 목적으로 자전거를 타는 학교 선생님과 학생을 대상으로, 그리고 고양시 도로 담당 공무원과 인터뷰하는 과정을 통해서 정보를 얻고자 했다.

　　이 과정을 통해 관찰 팀은 직접 보며 어떤 부분이 개선이 필요한지 알게 되었고, 만약 개선한다면 어떻게 할 수 있을지 생각해볼 수 있었으며, 설문 팀은 다수 청소년의 생각을 알아볼 수 있었다. 인터뷰 팀은 여러 가지 질문을 통해 자세한 답을 얻을 수 있었다.

목표 및 과제를 설정하기

　　그동안 수집한 정보와 자료를 통해 처음 생각했던 자전거 산업에서 자전거 이용 환경 개선으로 목표를 설정하고, 처음엔 학교 주변과 호수공원 주변을 조사했지만, 학교 주변으로 범위를 좁혀 목적을 설정했다. 그리고 우리가 할 수 있는 활동들을 논의하였다.

목표	고양시 자전거 이용 환경 개선
목적	가좌교 근접 도로에 자전거 도로 설치 대화고 부근 자전거 관련 표지판 설치
어떻게	1. 대화고 학생들에게 설문 재실시 2. 자전거 관련 법률 조사하고 알아보기 3. 고양시청 온라인 민원을 통해 가능 여부 파악하기 4. 지역사회에 직접 정책 제안하기–고양시 주민참여예산 　시민의견서 작성해서 내기

고양시 시민으로서 고양시주민참여예산시민의견서를 작성해서 의견을 냈다. 이후에 반영 여부에 대한 피드백을 어떻게 받을 수 있는지 알 수 없어서 청소년들이 아쉬워했다.

그러나 고양시청소년정책제안대회에 제안서를 작성하여 제출한 결과, 본선에 진출하게 되었다. 수상을 하지는 못했어도 아쉽지는 않았다.

이후 11월, 수상 여부와는 상관없이 우리가 제안했던 정책이 시예산에 반영되었다는 주최 측의 피드백을 받았다. 상을 받은 것보다 더 값진 결과였다.

'O.M.S.' 팀은 활동 주제를 넓은 범위에서부터 범위를 좁혀갔다. 청소년들이 목표를 세우고 결과를 예측해보며, 친구들의 의견을 모으고 논의하는 과정에서 비판적 사고가 성장한다. 어떤 활동을 할지 논의하여 정리하고 발표하는 과정에서 도구를 사용하는 역량도 향상되었다.

자신의 문제만이 아니라 지역사회 문제를 해결하고자 하는 문제 인식과 시민의식이 성장했고, 상호 작용하는 역량이 성장했다.

사회의 주체가 어른이나 정치인이라 생각했는데 청소년도 사회의 주체가 될 수 있다는 것을 알게 되었고, 목표를 설정하고 해결 대안을 제시하면서 자율적으로 행동하는 역량 또한 향상되었다.

세현: 소중한 경험을 하게 된 것 같아 기쁘다. 처음에는 내 힘으로 할 수 있는 게 없다고 생각했지만 하나하나 헤쳐나가면서 성장하였다.

상원: 친구들과 조를 이루어 협력하고 내가 맡은 임무를 할 때, 내가 어떤 역할을 해야 하는지 잘 알게 되었다. 이 활동을 통해서 많이 변화되었다.

민철: 끝까지 무언가를 해냈다는 것에서 우리도 할 수 있다는 성취감이 들었다. 활동하면서 팀워크, 문제 해결 능력, 지도력, 발표 능력 등 내가 많이 부족했던 능력을 증진할 수 있게 된 계기여서 뿌듯했다.

범준: 한국 사회에서 청소년이 정책에 대해 생각해보고 그것을 실천에 옮기는 것을 불가능하다고 생각해왔다. 하지만 이 프로젝트를 통해 그런 편견이 허물어졌다.

성민: 나는 사회가 굴러가는 주체가 어른들이나 정치인들이라고 생각했었다. 하지만 이번 프로젝트를 통해 청소년 또한 사회의 주체가 될 수 있다는 것도 깨달았다.

우찬: '학생의 신분으로 말해봐야 누가 들어주겠어?'라고 생각했지만, 우리의 결과물을 보면서 '이 정도라면 우리의 말을 흘려들을 순 없겠구나.'라고 생각이 바뀌었다.

채원: 학생(청소년)이라는 타이틀 속에 갇혀 아무것도 하지 못하는 것
보다 오히려 그 신분을 이용해 누구나 도전할 수 있다는 메시지
를 전달하는 게 나만의 목표였고 난 그걸 이루어냈다.

성준: 이번 기회를 통해 협력을 통해 프로젝트를 진행하는 것이 재미
있다는 생각을 하게 되었다. 이제는 누군가에게 묻어가는 것이
아닌 나 자신도 문제에 대한 의견을 피력할 수 있다.

민우: 나도 사회 구성원이자 청소년으로서 사회를 위해 무언가를 해낼
수 있다는 자신감을 얻게 되었고, 혼자 못 하는 것도 여럿이 함
께 협력하면 이룰 수 있다는 것을 체험했다.

경률: '우리가 해낼 수 있을까?'라는 생각이 들기도 했지만, 계속되는
과정들을 통해 청소년들도 사회의 문제점을 탐구하며 해결할 수
있다는 생각이 들어 좋은 경험이 되었다.

원진: 지역사회 주변 문제에 대해 생각하고 해결 방안도 찾아보고 하
면서 변화의 주체로의 자질이 나에게 있다는 것을 발견하였다.

5. 청소년의 손으로 찾은 청소년 인권

#에피소드 1

방문을 굳게 닫고 한마디도 하지 않는다. 대화하고 싶지만, 마음처럼 쉽지 않다. 서로에게 상처를 주는 시간이 생기고 그에 따라 거리는 점점 멀어져가는 것 같다.

"중2병에 걸렸네, 걸렸어. 북한 군인들도 너네 때문에 무서워서 못 쳐들어온다며? 요즘 애들은 부족한 게 없어서 그래."

"하… 또 저래. 말을 말아야지."

#에피소드 2

오늘은 자율 활동을 정하는 날이다. 재미있는 것을 했으면 좋겠는데… 무엇을 하면 재밌으려나… 문을 열고 선생님이 들어오셔서 하시는 말씀,

"오늘은 CA 동아리 활동을 정하는 날이다. 남자는 유도, 여자는 댄스 가면 된다."

(속마음1) 나는 여자인데… 유도 해보고 싶은데. 체력도 기를 겸…

(속마음2) 나는 남자인데… BTS 거울모드 배우고 싶은데…

모두 인권 활동에 참여했던 청소년들이 겪은 일이다.

위의 상황을 읽고 누군가는 과거를 회상하며 피식 웃었을 수도 있고, 또 누군가는 더한 일도 겪었다며 화를 낼 수도 있다.

청소년들과 이야기를 나누다 보면 지역사회나 가정에서 갈등을 겪고 있는 경우를 볼 수 있다. 그런데 많은 청소년이 그 갈등 상황에서 자신의 인권이 침해되었을 수도 있다는 사실을 인지하지 못한다. 또한, 청소년이 '인권'이라는 단어를 접했을 때 무겁고 어려운 느낌이 든다고 하였다.

그래서 어떻게 하면 인권 활동에 대해 거부감이 들지 않으며, 인권에 대해 생각을 자유롭게 표현할 수 있을까를 고민하였다. 마침 마을환경 개선 프로젝트를 진행하고 있는 청소년들과 함께 전시회를 여는 것을 목표로 이 활동을 계획하였다.

충격, 인권에 대해 생각하지 못한 나 자신

첫 만남에 청소년들은 원의 형태로 앉았다. 청소년들은 '학원'에 대해서 먼저 대화를 시작했다. 학원 숙제, 학원 시간, 학원 친구 등등, 학원에 관한 여러 가지 대화가 지나간 후 하나둘씩 자신의 이야기를 시작했다. 자연스럽게 학교, 지역사회, 가정과 같이 자신이 속한 집단 내에서 자신의 기본적인 권리(인권)가 존중받지 못했다고 생각한 적이 있는지에 대한 질문으로 넘어갔다. 시간이 가는 줄 모르고 서로의 이야기를 들어주었다.

처음에는 단순하게 봉사 시간을 받을 목적으로 이 활동에 참여한 청소년은 충격에 빠졌다. 인권에 대해 생각해보지 못한 자신과 마주하게 된 것이다.

당신의 생각은 어떤가요?

다음 만남 때, 우리는 자신이 생각하는 인권 침해 사례 혹은 불편한 사항 등 무엇이든 썼다. 나중에 분류할 목적으로 포스트잇 한 장에 한 가지 사례를 적을 수 있도록 한다. 이런 과정은 1차원적으로 단순한 개인감정인지, 사회 혹은 인권적으로 문제인지를 스스로 고민해보고 판단해볼 수 있는 시간을 가질 수 있게 한다. 포스트잇에 적은 것은 전지에 규칙이 없이 붙이고, 자유롭게 상대방이 쓴 내용을 살펴보았다.

다음은 포스트잇을 분류하는 작업을 진행하였다. 권리와 개선 사항으로 칸을 나눠 구분한다. 서로 생각의 차이가 있을 수 있는 것은 당연하다. 그래서 상충이 되는 의견이 적힌 포스트잇은 토론 활동을 위해 따로 구분했다.

분류 작업을 충분히 진행한 후 그다음 질문을 했다. '포스트잇에 적힌 것들이 이렇게 많은데, 이 모든 상황이 인권 침해일까? 단순 문제점이라 개선할 수 있는 사항인데 인권 침해라고 생각한 게 아닐까? 정말 나의 인권이 침해되는 순간은 언제일까?'에 대해 탐구하고 토론하는 시간을 가졌다.

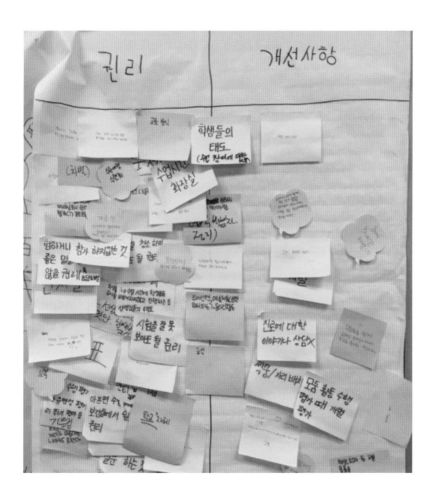

이제는 본격적으로 작품을 제작할 준비를 했다. 우리의 목표는 제작한 작품을 전시하여 지역사회 시민들에게 권리에 대한 인식을 확산하는 것이다.

청소년들은 자신이 생각하는 인권에 대해 표현하고 싶은 방법을 선택한다. 어떠한 것도 제한이 없다. 그리고 어떤 것을 표현할지에 대해 계획서를 작성한다. 계획서에는 문제의식, 작품 설명, 제작 중 필요한 예산 등 모든 것을 청소년들이 스스로 계획한다. 사용할 수 있는 예산은 1인당 한정되어 있다. 계획서 작성 후 공유하면서 필요한 예산을 조정한다.

계획서 작성을 완료하면 필요한 물품을 구매 후 작품 제작에 들어갔다. 참여했던 청소년의 동의를 구한 한 작품을 소개한다. 이 활동을 한 시기에 중학생들 사이에서 자신의 신체 부위를 커터칼로 그어 상처를 내서 자해한 모습을 SNS에 사진을 게시하는 일이 유행처럼 번졌다. 이 상황에 대해 청소년들이 문제의식을 제기하게 되었고 자해한 청소년들에게 왜 그랬는지, 어떤 상황에 놓여 있는지 인터뷰한 것을 바탕으로 작품을 제작하였다. 바닥에 있는 알루미늄 호일은 상대방에게 생각 없이 툭툭 내뱉는 상처를 주는 말을 쓰레기로 표현한 것이다. 머리 위의 상처를 낸 손은 도움을 요청하는 손이기도 하다. 작품을 보고 우리는 불편하고 충격적일 수 있다. 그러나 마주해야 하는 현실이기도 하다.

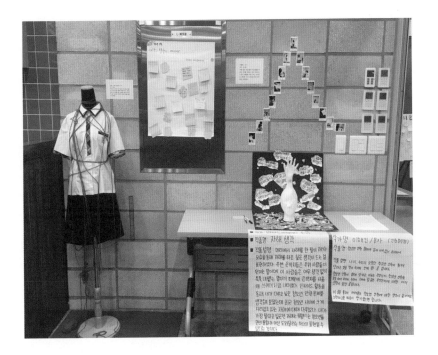

우리들의 인권 전시회

작품 제작을 완료한 후 수련관에서 전시회를 열 준비를 했다. 작품의 특성과 동선을 고려하여 전시했다. 그리고 작품을 감상한 후 감상평을 적을 수 있는 메모지를 비치하여 의견을 받았다. 작품 전시는 2주 동안 진행했으며 많은 시민이 감상평을 적어주었다. 청소년들이 뽑은, 가장 인상 깊은 감상평을 몇 가지 추려보았다.

– 참으로 애매한 것. 우리의 인권이 지켜졌다고 생각하는 순간, 그들 은 그들의 규칙이 어겨졌다고 생각하니까.

- 내가 하는 말의 무게감을 느끼는 작품입니다. 좋은 말 하도록 노력할게요.
- 요즘 청소년들의 '마음'에 대해 한 번쯤 생각해보게 하는 멋진 작품이네요. 공감도 해보고 아픔도 조금 느껴보고 갑니다. 작품을 통해 느껴보고 해소할 수 있는 계기도 생기길 바라봅니다.
- 사랑하는 아이들에게 힘이 되는 말을 해주는 어른이 되고 싶은 마음이 드네요. 힘내요. 청소년 여러분.

이 활동의 핵심은 단순히 참여 청소년들의 역량 강화에 그치지 않는다. 참여 청소년들에게는 자기표현 능력뿐만 아니라 지역사회 인권의식을 제고하고 확산하는 데 큰 역할을 한다는 것에 의미가 있다. 또한, 시민들에게는 청소년들의 마음을 알 수 있고 자신을 돌아보는 계기가 된다. 서로 어떤 생각을 하고 있는지 이해하는 것이 존중하는 데 첫걸음이기 때문이다.

청소년의 활동 소감

수빈: 내가 좋아하는 활동이라 재미있었고 진로와 연계를 할 수 있었다. 활동의 의미로 본다면 다시 한번 청소년 인권 침해에 대해 생각해보는 계기가 되었다.

서영: 함께 회의와 토론을 하며 작품을 만들어가는 시간이 의미 있었

다. 브레인스토밍 회의법이 매우 새로웠고 인권에 대해 다른 방면에 대해 생각해볼 수 있는 계기가 되었다.

효빈: 사실 인권에 대해 그렇게 관심이 있지는 않았지만, 이 활동을 통해 관심을 갖게 되었다. 청소년들의 인권+청소년들의 기본에 대해 생각해볼 수 있는 계기가 되었다.

해윤: 표현을 할 때 진로와 연계하여 활동해서 좋았고, 만화를 통해 내가 평소 생각했던 인권 침해와 문제점을 비유적으로 표현할 수 있었다.

하현: 평소에 청소년들은 학교에 불만이 있고, 학교도 청소년들의 행동에 대해 문제 지적이 있는데 이러한 상황 속에서 인권에 대해 생각해볼 수 있었다.

한솔: 다니는 학교는 각자 다르지만 겪고 있던 문제는 비슷했던 것 같다. 학교에서 이런 활동을 해서 해결점을 찾아야 하지 않을까 하는 생각이 들었다.

해인: 진로가 심리 관련인데 각자 함께 하는 친구들의 이야기를 들어보면서 청소년들의 심리·생각에 대해 알 수 있었다.

지현: 처음에는 봉사로 활동을 신청하게 되었는데 활동을 하면서 정말 의미 있는 시간이었다. 청소년, 인권, 어른에 대해 여러 가지 생각을 하게 되었다.

청소년

핵심역량

키워주는

2 장

의사소통

의사소통

"의사소통(Communication)이란 듣고 이해하고, 언어와 비언어, 시각 자료와 글을 보면서 맥락과 관련지을 수 있고, 생각과 감정을 전달하는 능력이다." (세계경제포럼, 2015).

"생각과 질문, 아이디어와 해결 방법을 공유하는 데 필요한 소통 능력이라고도 한다."(청소년 활동진흥원, 2019)

혼자만이 아니라 친구나 가족, 선생님과의 관계에서 상대방에 대해 이해하고 자신의 의견을 잘 전달하는 관계 형성 역량이라 할 수 있다.

ㅇ 친구의 기분을 이해하려고 노력한다.
ㅇ 친구의 생각과 감정을 잘 알 수 있다.
ㅇ 친구의 고민을 잘 들어준다.
ㅇ 친구가 선생님께 칭찬을 받으면 나도 기분이 좋아진다.
ㅇ 대화를 할 때 어떻게 말할지 미리 생각하고 말한다.
ㅇ 듣는 사람이 이해할 수 있도록 쉽고 정확한 말을 골라 이야기한다.
ㅇ 듣는 사람이 잘 이해할 수 있도록 예를 들어 설명한다.
ㅇ 상대방의 표정과 몸짓을 살피면서 속마음을 이해한다.
ㅇ 대화할 때 이야기를 잘 듣고 있다는 것을 말이나 몸짓으로 보여준다.

1. 청소년이 생각하는 리더(Leader)

마두청소년수련관의 동아리 '핫소스'는 유엔과 국제 사회의 공동 목표인 지속가능개발목표(SDGs: Sustainable Development Goals) 중 교육과 관련하여 '우리는 SDGs에 맞는 교육을 받고 있는가?'라는 주제로 한 원탁토론을 진행했다. 또한 성격차지수(GGI: Gender Gap Index, 대한민국 109위)를 볼 때, 한국은 앞으로 양성평등 국가가 될 수 있을까에 대한 토론회 개최 및 어느 한 사람도 불편하지 않은 양성평등을 위한 양성평등 프로젝트 등을 기획하고 운영했다. 핫소스 청소년들은 우리 사회의 불편한 진실을 직면하고 어떻게 보면 세계적인 중요한 주제들을 선택하여 탐구하고 지역의 청소년들과 나누는 활동을 계속해왔다.

리액션은 리더 액션(Leader-Action)을 줄인 말로 청소년이 생각하는 올바른 리더에 대해 알아보는 활동이다. 2017년 핫소스의 청소년이 '리더십'과 관련된 주제로 활동하고 싶다는 의견을 내었다. 동아리 회원들이

회의를 통해 활동을 구체화했으며, '리액션'이라고 이름을 지었다.

이후 '리액션' 프로그램이 매년 지속이 되고 있으며, 해마다 평가를 통해 보완해나가고 있다. 기획은 핫소스 청소년들이 했지만 참여의 폭을 넓혀 초등학생 청소년들을 모집하여 그 청소년들에게 알려주고 함께 활동하고 있다. 리액션에서 핫소스 청소년들은 수요자이면서 공급자인 셈이다.

올바른 리더에 대해 알아야 하기 때문에

핫소스 단장은 "우리 청소년도 시민으로서 이런 일을 또 겪지 않으려면 선거에 대해 알고 올바른 리더가 어떤 사람인지에 관한 생각을 초등학교 때부터 갖고 있을 필요가 있다고 생각한다."라고 말했다. 단장 청소년의 의견에 다른 청소년들도 동의하고 주제의 필요성에 대해 공감했다. 당시 2017년은 대통령 탄핵으로 선거가 앞당겨진 시기였다.

'올바른 리더십'과 '올바른 선거'에 대해 어떻게 하면 우리의 대상자인 초등학교 청소년들에게 전달할 수 있을지에 대해 회의가 시작되었다. 초등학교 고학년만 되어도 리더 선거에 대한 경험이 있기에 리더와 리더의 존재를 상대적으로 많이 경험해본 고학년을 위주로 진행하기로 했다.

초등학교 고학년 20명으로 대상자를 정한 만큼 지루함이 없어야 하므로, 단순히 교육을 해주고 받는 형태가 아닌 레크레이션과 팀 활동 등 모든 청소년이 참여할 수 있는 활동으로 정했다. 그리고 자연스럽게 리액션의 내용은 '레크리에이션, 리더 교육, 선거 활동' 3가지로 나눴다.

이에 따라 핫소스 청소년 14명도 역할 분담하여 레크리에이션 팀, 교육 팀, 활동 팀, 지원 팀으로 나누어 준비했다.

레크리에이션 팀: 도입 시 청소년 참여와 흥미를 올리기 위한 게임 준비
교육 팀: 리더십 개념, 선거 방법 교육
활동 팀: 초등학교 청소년들을 이끌어줄 조장 역할 수행
지원 팀: 활동할 때 필요한 물품 지원, 조언 등

레크리에이션 팀은 리액션이 흥미를 보일 수 있도록 하는 게임 등의 활동을 준비했고, 교육 팀은 올바른 선거 방법과 과정에 대해 준비했다. 선거 방법, 선거를 위한 준비물, 선거 유세 등 모든 선거에 대한 정보를 중앙선거관리위원회에서 찾을 수 있었다.

활동 팀은 조장 역할을 수행하기 위해 전체적인 준비 과정에 함께했다. 그리고 지원 팀은 선거관리위원 역할을 할 준비와 투개표 준비, 필요 물품을 준비했다. 사회 참여 동아리 청소년들은 팀마다 지난번에 부족했

던 내용을 추가 및 수정하거나, 리허설을 하는 등 사업 진행을 위해 준비를 했다. 그리고 활동 시작 전 모든 청소년이 모여서 최종 리허설을 진행했다. 모든 리허설이 끝난 후, 피드백 시간을 가졌다. 모든 문제 상황에 대비할 수 있도록 서로 아이디어를 내면서 보완하였다.

리더십과 팔로우십

리액션은 20명의 초등학교 청소년과 사회 참여 동아리 청소년들이 2회차로 진행을 하고 있다. 처음에는 리더십을 중심으로 진행되었는데 리더만 중요한 게 아니고, 모두가 리더가 될 수 없다면 팔로워십도 중요하므로 팔로워십을 추가하여 교육과 토의가 진행되고 있다.

2017년 시작 당시에는 구체적 리더를 정하지 않았는데, 2018년에는 초등학교 학생회장 투표하고 되어보기, 2019년에는 고양시 초통령 투표하기로 나아갔다. 초통령이란 초등학교 대통령으로 초등학교 학생들의 의견을 모아내는 대표라는 의미가 담긴 이름이다. 일반적으로 선거는 출마하여 당선되는 것인데, 리액션에서는 바람직한 리더상을 내세우고 투표를 하는 것에 차이가 있다.

차시	내용	
	2017~2018	2019
1차	– 리더십 교육 : 핫소스가 생각하는 리더의 자질과 리더십 – 그룹 토의 : 참여 청소년들이 생각하는 올바른 리더의 모습과 활동에 대해 그룹 내에서 토의를 진행	– 리더십 교육 : 핫소스가 생각하는 리더의 자질과 리더십에 관한 교육 진행 – 그룹 토의 : 참여 청소년들이 생각하는 올바른 리더의 모습과 활동에 대해 그룹 내에서 토의를 진행 – 선거 방법 교육 : 올바른 선거 방법 및 절차 교육 – 리더 선거 : 각기 그룹별로 정의한 '구성원'에 여러 가지 자질에 대한 투표 진행
2차	– 선거 준비 : 포스터 제작, 연설문 작성 – 선거 활동 : '리더가 된다면'이라는 가정으로 작성한 연설문 발표 및 자신의 공약 안내 – 리더 투표 : 정해진 규칙에 따라서 리더 투표	– 팔로우십 교육 : 핫소스가 생각하는 구성원의 자질과 팔로워십에 관한 교육을 진행 – 그룹 토의 : 참여 청소년들이 생각하는 올바른 구성원의 모습과 활동에 대해 그룹 내에서 토의 진행 – 선거 방법 교육 : 올바른 선거 방법 및 절차 교육 – 구성원 선거 : 각기 그룹별로 정의한 '구성원'에 여러 가지 자질에 대한 투표 진행 (구성원 자질, 성향, 동기부여 방법, 구성원 / 리더와 관계 형성의 방법 등)
차이점	– 리더에 대한 교육과 리더 선거만 진행	– 팔로워십(구성원) 추가

참여 청소년들은 리더 교육을 받은 후 팀별로 바람직한 리더상을 토론을 하여 가상의 리더의 모습을 정해놓는다. 그리고 청소년들과 지역 주민들에게 투표 시간과 날짜를 홍보하여 수련관으로 오게 했다.

투표 시간은 약 40분이 주어졌으며, 이후 개표를 한다. 그리고 모두 지

켜보는 가운데 당선 리더를 발표했다. 당선된 리더의 팀에서는 당선 소
감을 말한다. 소감은 단순히 당선된 소감을 말하는 것과 함께 본인들의
리더를 한 번 더 설명한다. 그래서 다른 팀들은 어떤 점들이 시민들이 봤
을 때 '리더'로 적합했는지 본인들이 설정한 리더와 비교해볼 수 있는 시
간을 가진다.

　리액션은 핫소스(동아리) 청소년과 참여했던 청소년들에게 모두 유의
미한 활동이다. 계획부터 마무리까지 모두 의사소통 중심의 활동이다.
기획 및 운영하는 핫소스 청소년들은 사업을 만드는 과정에서 본인과 친
구(동아리원) 그리고 청소년과 지도사 간에 지속해서 소통하는 능력이
필요했다. 사업을 기획하면서 어떤 점들이 참여히는 청소년(초등학교)들
에게 필요할지, 어떤 것들을 준비해야 할지 서로 생각해보고 최선을 도
출했다.

청소년의 활동 소감

"친구들과 협동하여 성과를 이룬다는 점이 뜻깊었다."

"투표 활동과 유세를 할 수 있어서 좋았다."

"리더십에 대하여 잘 알려주었고 선거 활동을 할 수 있어서 유익했다."

"직접 선거와 투표를 해봐서 더 자세히 알 수 있었다."

"핫소스 동아리 선생님들이 매우 친절하셔서 나도 내년 핫소스에 가입
  하고 싶다."

"직접 후보를 만들고 홍보를 해서 좋았다."

2. 우리도 의원이 되어보자

　청소년의회는 청소년의 주도성과 대표성을 높이고 청소년들이 자신과 관련된 정책과 문제에 대하여 자유롭게 의견을 표현하고 참여할 수 있는 권리를 보장하는 것을 목적으로 시작되었다. 만 12~18세 청소년이 참여 대상이고, 고양시에 거주하거나 고양시 관내 학교에 재학 중인 청소년들이 참여할 수 있다. 청소년의회는 구성 방법과 운영을 시의회와 유사하게 운영하는데 민주적인 방식과 제도를 체감할 수 있도록 하고 있다.

청소년의원 선출 과정

　청소년의회 구성은 선거 공고를 내면서 시작된다. 지역사회와 관내 학교 홍보를 통해 희망하는 청소년들이 예비후보로 입후보하게 된다. 특별히 청소년들의 투표 참여를 높이기 위해 온라인 및 현장 투표 시스템을 갖추고 지방선거와 같이 공정성과 투명성을 보장하려 한다.

　청소년의회 의원으로 입후보할 때 학교 밖 청소년과 장애·다문화·

북한 이탈 청소년 등과 거주지 및 성별 그리고 연령대에 차별이 없이 누구든 신청할 수 있다.

의원으로 입후보하고 최종 선출되는 과정까지 지방선거와 같은 절차로 진행이 되는데, 특히 눈여겨볼 부분은 입후보 시 청소년들의 정책제안 부분이다. 마치 지방선거에 입후보자가 공약을 내세우듯이 청소년의원들도 입후보 시 공약사항을 전달한다. 이때, 청소년들은 본인들의 일상생활에 밀접하고 그동안 눈여겨봐왔던 지역사회 및 학교(교내)의 다양한 정책을 제안한다. 임기 내 청소년들이 본회의를 통한 정책 제안 또는 고양시청소년정책제안대회 등을 통해 실제 고양시와 시의회에 전달되어 실제 정책에 반영될 수 있도록 하는 부분까지 연결되어 있다.

개원식과 의원 워크숍

청소년의원이 선출되면 개원식을 연다. 이는 고양시 전체 청소년을 대표해 자리하기에 청소년의원 임기를 시작하는 데 매우 중요한 의미가 있다. 특히 개원식의 가장 중요한 장면은 청소년의회 의원들에게 의원 배지를 달아줌으로써 고양시 청소년들을 대표하는 의원으로서의 의미를 부여하는 장면이다.

이렇게 선출된 의원들이 의원 배지를 다 받게 되면, 의장과 부의장을 선출하게 된다. 의장과 부의장 선출은 호선(투표 방식)으로 진행되며, 투표는 선거관리위원회에서 빌려온 투표소가 설치되고 무기명 투표를 통해 선출된다. 청소년의회 의장단 선출 이후 의장이 임시의장으로부터 의사 진행의 권한을 이임받아 개원식을 마무리한다.

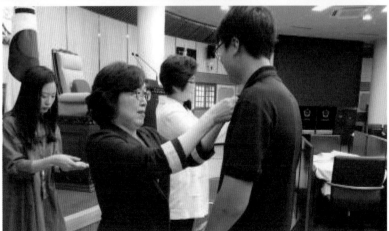

개원식 / 배지 수여식

의회가 개원되면서 의원들의 첫 번째 일정은 의원 워크숍에 참여하는 것이다. 1박 2일간 연수원에서 당선자 오리엔테이션 및 기초 소양 교육 그리고 상임위 구성 등을 진행한다.

워크숍 일정 중 처음은 당선자 오리엔테이션을 진행한다. 오리엔테이션은 의원으로서 가져야 할 사명과 윤리의식에 관한 내용을 포함하고, 이때 의회 규정과 더불어 연간 일정을 수립하게 된다. 오리엔테이션 이후에는 기초 소양 교육을 진행한다. 단순, 주입식 교육이 아닌 간담회 형식으로 진행하며 멘토(강사)와 멘티(청소년의원) 관계처럼 다양한 주제를 더 깊이 나눌 수 있다는 장점이 있다.

이렇게 첫날 일정이 끝나게 되면 저녁 시간 이후에는 서로 교류하는 시간을 가진다. 청소년들이 가장 좋아하는 시간이기도 하다. 밤이 깊도록 철학과 정치, 경제 등 다방면의 주제로 수준 높은 토론이 즉석에서 이뤄지기도 한다.

워크숍 이틀째에는 상임위원회 구성을 진행한다. [고양시청소년의회 구성 및 운영에 관한 조례]에 따라 정해져 있는 교육, 인권, 안전, 문화 4개의 상임위원회를 구성하고 운영위원회를 별도로 구성한다. 위원회별로 우리 지역에 대한 현황 및 제안 사항 아이디어를 도출한다. 이렇게 모든 일정을 마침과 동시에 본격적인 의정 활동을 시작한다.

의정 워크숍

청소년의회, 지역사회와 동행하다

청소년의회의 의정 활동은 다양한 형태로 진행하였다. 지역사회 축제에서 청소년의회 활동을 알리기도 하고, 정책제안대회 참여 등을 통해 청소년들의 다양한 목소리를 내기도 하였다.

청소년의회는 고양시청소년어울림마당 등 지역 축제에 고양시청소년의회 활동을 알리고 청소년들에게 다양한 설문 조사를 시행하였다. 이를 통해 각 상임위원회의 정책 발굴을 위한 기초 자료로 활용했다.

또한, 고양시민토론회와 같이 공청회 성격을 띠는 행사에 청소년을 대표해 참석하기도 했다. 특히, 단순 참여에서 벗어나 실제 의견을 제안하고, 제안된 의견이 실제 시정에 반영할 수 있도록 하는 과정을 경험하였다. 청소년의회의 지역사회 연계 의정 활동을 홍보, 정책 제안, 시정 아이디어 제안 등으로 다양화하여 그 의미를 더할 수 있었다.

의정 활동 – 정기회, 임시회, 상임위원회

청소년의원들에게 무엇보다 중요한 것은, 조례 입법 및 정책 제안에 대한 의견을 제안하는 것이라는 데 의견을 모았다.

의회의 정기회의는 하계·동계 방학 동안 연 2회 개최하고 연간 회의 일수는 정기 및 임시회의를 합하여 20일 이내로 하는 것으로 지정되어 있다. 정기회의에 참석한 청소년들은 향후 본회의에 있을 부의 안건을 사전에 조율하고 본회의 준비를 위한 노력을 진행한다.

청소년의원들은 자신들의 역할이 얼마나 중요하고 의원들 간의 의사소통과 협업을 위해 어떠한 노력을 해야 하는지 서로 논의하고 규칙을 정하기도 한다.

임시회의는 정기회의와 합하여 운영 일수는 20일 이내로 제한하기에 상시적 진행을 하되 일정 기간을 정하고 진행하기보다는 안건의 특수성과 유기적 의사소통을 위한 회의를 시의적절하게 진행해왔다. 의정 활동 전반에 관한 내용을 부의 안건으로 상정하여 의원 전체의 동의를 구한 후 실시한다. 예를 들어 정책제안대회 참가, 청소년 축제 부스 운영, 국회 체험 등 청소년의회 운영에 관한 안건을 상정하고 처리하는 것이다.

상임위원회의 경우 청소년의회 조례에 근거하여 총 4개의 상임위원회를 구성한다. 일반적으로 의회 의장단을 제외하고는 각자 소관위원회에 소속되어야 하며, 상임위원회는 주제에 맞게 지역사회 이슈 또는 청소년 정책과 관련된 내용을 검토하고 조사함으로써 향후 본회의 부의 안건을 준비하게 된다. 청소년의회답게 청소년 관련 이슈를 부의 안건으로 많이 제안하게 되었는데 2019년~2020년에는 총 8건, 그동안 총 23건의 정책 제안 및 조례를 청소년의회 본회의에 상정하였으며, 이 안건 중 실제 시의회 부의 안건으로 제안한 내용도 있었다.

연번	회기	고양시청소년의회 본회의 부의안건	비고
1	제2대	고양시 청소년 한부모 가정 지원	고양시의회 부의안건
2		청소년 성평등 인식 증진정책	
3		고양시 유휴공간을 활용한 청소년 공간 조성	
4		청소년카페 증설	
5		공유자전거 활성화	
6		학교옥상 관련 규정제정	
7	제3대	고양시 청소년 참여예산제 운영방안 및 도입	
8		청소년 과학실험 프로그램 및 인프라 활성화 방안	
9		고양시 어린이 통학로 안전관리에 관한 조례 전부개정조례안	
10		청소년 독서문화 증진방안-찾아가는 도서관서비스	

대부분 청소년 일상에서 필요한 내용을 청소년들의 관점에서 재해석해 정책으로 입안하려고 했던 노력이다. 각기 상임위원회별로 연간 한 개 이상의 정책을 발굴하고 제안함으로써 청소년들이 지역사회와 소통하며 구성원으로 능동적으로 참여하는 모습을 확인할 수 있다.

청소년의회 본회의 그리고 사회 참여

청소년의회 활동의 정점은 바로 본회의 진행이다. 이때는 일반 지방자치단체의 의회처럼 모든 과정을 동일한 방식으로 진행한다. 의장단, 사무국 간사, 청소년의원 그리고 기초단체 의원들까지 한자리에 모여 청소년의회의 일련의 과정을 함께 공유한다.

우선 1부 개회식과 2부 본회의로 나누어지는데, 1부 개회식에서는 고양시장과 고양시의회 의장의 축사를 비롯하여 기본적인 의식이 진행된다. 청소년의원들은 이러한 의식을 통해 자신이 참여했던 활동에 대한 격려를 받고 향후 지역사회 구성원으로 사회 참여를 일상화하는 과정을 경험하게 된다. 2부 순서는 의원 선서를 비롯한 의장의 개회 선언과 함께 본회의를 시작하게 된다. 의장단은 부의된 안건들을 공표하고 사무국 간사는 경과보고를 한 후 표결 방법에 관해 설명한다. 이후 의원들의 5분 자유 발언이 진행되는데 자유 발언이 끝난 후에는 청소년의회 본회의에 부의된 각 상임위원회의 안건들을 상정 및 처리하게 된다.

각기 상임위원회별로 1건 이상의 정책 및 조례 안건을 부의하고 각각 의안처리를 표결하여 진행하게 된다. 현재 1대부터 3대 의회까지 총 9개 안건을 상정하고 9개 부의 안건을 원안 가결하였다.

여기서 특별했던 에피소드가 있다. 제2대 청소년의회 본회의 5분 자유발언 중 [고양시청소년한부모가정지원] 관련 내용은 현장에 있던 고양시의원이 직접 채택하여 고양시의회 정기회의에 부의한 것이다. 청소년의원들이 제안하는 정책과 조례안의 수준이 생각보다 높다는 것을 알 수 있는 대목이다.

부의된 안건을 모두 처리하고 나면 청소년의장은 산회를 선언한다. 본회의의 모든 일정을 마치고 나면 본회의 회의록을 정리해 공유하고 의회 활동의 마지막인 의정보고회를 준비하게 된다.

의정보고회는 평가회와 같은 의미가 있다. 청소년의원으로 임기를 돌아보고 임기 동안 진행했던 자신들의 의정 활동을 모두 정리하게 된다. 청소년의원들은 보고회 자리에서 그동안의 소회를 나누고 청소년의원 개인이 고양시 청소년을 대표해서 자리함으로써 어떠한 책임감을 느끼게 되었는지 등을 이야기 나누게 된다.

청소년들의 눈높이에서 바라본 지역사회에 대한 소소한 이야기부터 시 정책에 관한 이야기까지 다양한 주제를 바탕으로 서로 소통하며 어떠한 목표를 향해 함께 노력한 기간들이 하나같이 소중했다. 일련의 과정을 통해 청소년의원들은 안건을 내고 의사소통을 통해 정책제안을 만들어낼 수 있었다. 기성의 정치에서 '협치'를 말하듯이 청소년의원들은 안건에 대해 서로 의사소통을 하는 과정을 통해 소통이 가지는 중요성과 의미를 경험하고 체득할 수 있었다. 청소년 상호 간에 소통하고 의제를 논의하는 과정을 겪으며 청소년의 역량이 성숙해가는 시간이었다.

청소년들의 활동 소감

정원: 의회에서 현재 가장 중요하게 개혁해야 할 부분은 활동에 참여하는 청소년들에게 소명의식을 느끼게 만들어 책임감을 함양하는 것이다. 아마 나에게 의회 활동은 평생 좋은 추억으로 남을 것 같다.

수빈: 의원들과 함께 안건들을 다루면서 내가 미처 생각하지 못했던 부분을 알게 되었고, 내가 아는 부분을 다른 의원들이 모를 때 서로 소통하는 것이 얼마나 중요한지 깨닫게 되었다.

예원: 처음에 청소년의회 활동에 참여했던 이유는 꿈이 정치인이기 때문이다. 다른 의원들과 의견이 다를 땐 논리적으로 이해를 시키고, 나 역시 다른 의원들에게 논리적으로 설득을 당할 때 그 느낌은 말로 다 표현하지 못할 정도로 짜릿했다.

민제: 청소년의회 활동은 준비해가는 과정이 소중한 것 같다. 하나보

다는 여럿이 왜 더 훌륭한지 알게 되었다.

태언: TV를 통해 본 어른들의 정치와 상반되게 서로의 의견이 다름을 인정하고 또 정책을 만들어가는 데 중요한 역할들을 한다는 것을 알게 되었다. 이처럼 청소년의회가 '소통'을 통해서 해결해가는 작은 사회인 것 같아서 더 의미가 있는 것 같다.

보근: 처음에는 나의 정견을 주장하고 정책을 만들어 발표하는 작은 의회라고 생각했는데, 막상 활동하다 보니 다른 의원들의 다양한 의견들에 생각도 많이 하고 고민도 더 깊게 하게 되었다.

3. 청소년 합의회의

합의회의(Consensus Conference)란 사회적 쟁점이 되는 현안들에 대해 시민들이 공공토론을 통해서 합의에 이르는 것이다. 대표적으로 덴마크의 '시민합의회의'가 알려졌으며, 우리나라에서도 지방정부, 시민단체 등에서 숙의민주주의로 진행하고 있다.

진행은 의제를 제안받고 선정하면 합의에 참여할 시민 패널 참가자를 모집하는데, 패널들은 자기소개서와 참가하고 싶은 이유를 써서 낸다. 운영위원회는 참여 희망자를 지역, 연령대, 성별 등 다양한 기준으로 검토하여 공정성, 중립성, 객관성 등에 근거하여 시민 패널을 선발하게 된다. 선발된 시민 패널들에게 정보 자료를 제공하고, 시민 패널들이 정보 자료를 이해하고 토론하는 과정을 거쳐 질문을 정한다. 이 질문을 바탕으로 전문가 패널이 구성된다. 시민 패널은 정보 자료에 대해 추가적인 토론을 하고 질문을 수정하고, 필요에 따라 적합한 패널을 추가하거나 변경할 수 있다. 시민 패널이 작성한 질문지가 전문가 패널에게 전달되어 전문가들은 답변 자료를 준비하고 공개 포럼(컨퍼런스)을 연다.

공개 포럼은 4일간 열리는데, 덴마크에서는 시민 패널에게 충분한 정보를 전달하고 숙의할 시간을 제공하기 때문에 6개월이 걸린다고 한다.

주제는 당시 사회 이슈 반영!

고양시청소년재단에서는 청소년들의 의사소통과 민주시민으로의 성장을 중요한 과제로 생각하고 청소년도 시민으로서 공공토론을 통해 합의를 이뤄나가는 합의회의를 해보면 좋겠다고 생각하였다.

먼저 주제 선정을 위해 과학 교사 모임, 합의회의 담당자(청소년 지도자), 토론 관련 전문가 간담회를 3차에 걸쳐 열었다. 간담회에서는 원자력, 인공지능, 미세먼지, 기후 변화, 베리칩, 유전자 가위 등의 주제에 대한 다양한 의견이 제시되었다.

고리원전 1호기: 1977년 완공, 2007년 수명 만료로 가동 중단되었으나 10년간 재가동 되다가 2017년 가동이 정지되었다.

2017년 제1회 고양시청소년합의회의가 진행되고 있던 시점에 우리 사회에서는 고리원전 1호기 폐쇄와 신고리 4~6호기 건설을 하면서 원자력을 계속 사용해야 하는지 국민 여론이 갈려 논쟁이 되고 있었다. 이러한 사회 이슈를 반영하여 '고양시 청소년들이 말하는 미래'라는 제목으로 원자력 문제를 주제로 선정하였다.

기존 합의회의에서는 조정위원회라는 이름으로 칭했는데 청소년들을 대상으로 하는 합의회의에서는 운영위원회라고 명칭을 정했다. 운영위원회는 합의회의의 '중립성'과 진행의 '효율성'을 확보하기 위해 원자력계, 에너지 전문가, 학교 교사, 시민참여 전문가 등 5명으로 구성하였다.

여러 견해를 가진 청소년 패널 선정

이후 고양시 거주 및 재학 중인 13세~19세 청소년들을 대상으로 청소년 패널을 모집하여 면접을 통해 원자력에 대한 긍정적인 입장 8명, 부정적인 입장 7명, 중립적인 입장 1명으로 총 18명(중 8명, 고 10명)의 청소년 패널을 선발하였다. 합의회의는 주제를 정해 서로 토론하는 과정을 통해 합의를 이루는 과정이기 때문에 참가자 선발 시 참가하는 청소년들의 주제에 대한 견해가 균형적으로 분포되는 것이 중요했다.

청소년 패널 모임 - 합의를 이루기 위한 과정

첫 모임으로 합의회의 오리엔테이션을 진행하였다. 다소 생소한 '합의회의'라는 개념에 대한 소개 및 프로젝트를 안내하였다. 청소년 패널들에게 두 권의 도서 『원자력 상식사전』, 『한국탈핵』을 제공하였고, 추천 도서로는 『아톰의 시대에서 코난의 시대로』, 『한국의 핵주권, 그래도 원자력이다』 두 권의 목록도 제공하였다. 제공 도서는 운영위원회에서 원자력을 찬성하거나 반대하는 두 입장에서 균형적으로 정보를 습득할 수 있도록 선정했으며, 주제에 관심을 가지고 찬성과 반대의 논점에서 원자력을 바라볼 수 있도록 도움을 줄 수 있는 참고자료였다.

합의회의의 예비 모임은 소주제에 대한 학습과 토론을 하며, 더 나은 합의를 위한 질문을 도출하는 단계였다. 인상 깊었던 장면은 원자력발전소의 안전성을 이야기하는 강사에게 일본에서 살다 온 한 중학생이 후쿠시마 원전 사고에 대한 언급과 발전소의 사고 가능성에 대한 문제를 제기할 때 강사 선생님과 청소년 간에 서로 치열하게 질문과 답변이 오가는 모습이었다. 청소년들의 수준을 낮게 보았던 강사 선생님들도 청소년들의 허를 찌르는 질문들과 진지하게 경청하는 태도에 놀라움을 감추지 못했다.

강의	강사
한국 에너지 정책의 현황과 평가 원자력 발전이란 핵발전을 둘러싼 쟁점 신재생 에너지에 대한 현황과 전망	국회예산정책처 인구전략분석관 서울대 명예교수 녹색연합 에너지 팀장 에너지산업진흥원 원장

두 팀으로 나누어 난상토론을 펼쳤으며 다소 어색했던 분위기도 점점 무르익어 청소년 패널들이 본회의 전문가들에게 던질 질문 12가지를 도출해냈다. 이후 한 달간 도서와 인터넷을 바탕으로 주제에 대한 다양한 정보를 스스로 익힐 수 있는 시간을 각자 가졌다.

두 차례의 본회의

1차 본회의는 1~2차 예비 모임에서 선정한 청소년들의 질문에 대한 전문가의 답변을 받고 이에 대한 질의응답을 하는 시간이었다. 전문가 패널과 청소년 패널 간 상호 토론과 추가 질문이 이어졌다.

청소년 패널이 선정한 질문은 다음과 같다.

1. 원자력에 대한 경제성은?
2. 원자력 기술이 현재 완성 단계인가? 미래의 기술력이 어떻게 되는가?
3. 핵이 원자력과 무기 이외에 어떻게 활용될 수 있는가?
4. 우리나라는 원전 밀집도가 높다. 원전사고가 일어난다면 어느 정도의 피해가 있는가?
5. 지금 정부의 원자력 안전 정책은 어떻게 되고, 만약 사고가 났을 시 복구 계획은 있는가?
6. 핵폐기물 처리 비용은 어떻게 충당하는가, 폐기장 건설은 기술적으로 언제 가능한가?
7. 우리 정부가 주력하고 있는 신재생 에너지(태양광) 개발이 기대하는 만큼 효율성을 나타낼 수 있는가?
8. 신재생 에너지 개발을 했을 시 원자력보다 더 전망이 있을까?
9. 탈원전을 했을 시 화력 발전소와 같은 화력 에너지를 사용한다면 CO_2로 인한 지구온난화의 문제는 어떻게 해결할 것인가?
10. (지역 내) 분산형 에너지 정책으로 인해 발생하는 민원 등 문제점의 해결 방안은 있는가?
11. 현재 원자력안전위원회의 역할 및 활동에 대한 평가는?
12. 프랑스는 원자력 중심으로 운영하고 있고, 독일은 탈원전을 결정했는데 차이가 발생하는 배경은 무엇인가?

질문 리스트에서 보는 것처럼 그동안의 과정을 통해 청소년 패널이 원자력에 대해 이해하고, 더 깊이 있는 고민을 위해 노력하는 모습이 담겨 있음을 느낄 수 있다. 다만 동일한 질문, 정보, 데이터에서도 두 명의 전문가 강사(패널)들이 다르게 해석하는 경우 청소년 패널들이 이해하기 어려운 부분도 다소 있었다.

　강사와의 질의응답 시간이 끝난 후 청소년 패널 간 토론을 진행하였다. 주제의 찬반에 대해 나누어 입론, 반박, 결론 등의 토론 과정을 통해 입장을 나누어보는 시간을 가졌다. 우리가 주제에 대해 합의해나갈 2차 본회의를 더욱 기대할 수 있었다.

　고양시 청소년합의회의의 하이라이트인 2차 본회의는 동양인재개발원에서 1박 2일로 진행되었다. 합의문 작성을 위해 의견이 모아진 원자력의 경제성, 안전성, 환경성, 대체에너지 등 4가지 쟁점으로 팀을 나누어 팀별 토론을 했고, 이후 전체 토론이 진행되었다.

　처음 2차 본회의 토론을 시작할 때는 진행자(성인) 주도로 토론이 시작되었지만, 전체 토론 이후 자연스럽게 청소년 패널 간 주도적인 토론의 장이 펼쳐졌다. 치열했지만 서로 예의를 갖추었고, 서로의 생각을 당당하게 이야기하며 토론의 불을 붙였다. 저녁 식사 이후 늦은 밤까지 이어지던 상호 토론은 기어코 합의 도출에 성공했다. 담당 지도자와 어른들은 뒤에서 필요한 것을 지원하며 그저 이 상황에 대해 뿌듯하게 지켜보는 역할이 다였다. 그야말로 청소년들이 주도적으로 의사소통하며 합의를 이루어가는 모습이었다.

합의문을 발표하다

합의가 이루어지고 나서는 '제1회 고양시청소년합의회의' 청소년 패널을 대표하여 합의문을 작성할 다섯 명의 청소년이 선발되었다. 이날 대표 청소년 패널들이 합의문을 작성한 시간은 새벽 3시를 넘겼으며 지도자도 막지 못할 정도로 그 열기가 후끈후끈했다.

본회의 2일 차 오전, 대표 청소년들이 작성한 합의문에 대한 전체 청소년 패널들의 검토가 이루어졌는데 이 과정에서도 쟁점 사항들이 있어 조율하는 데 시간이 꽤 걸렸다. 그야말로 청소년 패널 모두가 함께 만들어가는 합의문이었다. 마지막으로 '제1회 고양시청소년합의회의' 합의문 발표가 진행되었다.

청소년 패널들이 내린 '원자력의 미래'는 현재 상태의 노후 원전을 폐지하고, 그 후에 가동되는 원전 중 시간이 지나 폐쇄 대상이 되는 원전은 신규 원전으로 대체하면서 일정 개수를 유지하는 방향으로 결론을 내렸다. 다시 말해 '완전한 탈핵'은 반대한다는 것이다.

제1회 고양시청소년합의회의 합의문

고양시청소년들이 말하는 "원자력의 미래"

(전략)

합의회의 결과 완전 탈핵보다는 일정 개수의 원전을 유지해 나가는 쪽으로 결론을 내렸으며 각 측 모두 논리적이고 강력한 근거가 있었지만 '원전을 배제한 에너지 정책이 우리나라의 경쟁력을 가지게 할 수 있는가?', '원전의 문제점을 해결하기 위한 기술을 개발하기 위해서는 원전이 여전히 남아야 하지 않는가?'라는 질문 등이 완전 탈핵을 반대하는 쪽으로 의견을 움직이게 하였다.

(중략)

최근에 신고리 5, 6호기 공론화 등에서도 10대의 의견은 반영되지 않았다. 이번 제1회 고양시 청소년 합의회의가 미래를 살아가야 하는 10대들이 원자력 발전에 대해 어떻게 생각하고 있는지 담았다는 점에서 의미가 있다고 생각한다. 그리고 이 의견들이 나아가 사회적 논의에 보탬이 되었으면 한다.

2017년 10월 22일

고양시 청소년 '원자력의 미래' 패널 일동

청소년들은 전문가 및 정책 결정자들에 의해 정해지는 일로만 여겼던 원자력에 대해 몰랐던 지식이나 오해를 해결할 수 있었고, 민주적인 절차에 의해 합의에 도달하는 경험을 하게 되었다. 합의회의는 의사소통을 통해 민주시민으로 살아가는 청소년들에게 시민의식을 부여하고, 일상 속에서 자신들을 돌아볼 수 있게 하는 의미 있는 시간이었으며 청소년들 개개인의 의견을 존중하는 사회를 시작하는 작은 발걸음이 되었다.

청소년들의 활동 소감

세진: 이번 합의회의가 10대의 진솔한 의견을 담았다는 점에서 큰 의미가 있는 것 같다. 나중에 어른이 되더라도 에너지 뿐만 아니라 다른 정책에도 '청소년'의 목소리가 반영될 수 있도록 관심을 가져야겠다는 생각을 했다.

승민: 중요한 것은 우리 청소년들이 모여서 청소년들만의 목소리를 냈다는 점이고, 앞으로 미래 사회를 이끌어 나가며 현 에너지 정책의 장기적 영향을 받을 우리가 또는 현 에너지 정책의 장기적 영향을 받을 우리가 이런 과정 자체를 거쳤다는 것이 의미가 크다고 생각한다.

지윤: 내 의견을 발표하면서 겉모습만 번지르르한 내 모습이 아니라 온전한 내 모습을 드러내며 나에 대해 실망하고 태도를 개선하는 기회를 4주 동안 가졌다. 쳇바퀴 같은 일상 속에서 잠시 벗어

나 '학생'이라기보다 '지윤'이라는 의미를 발견할 수 있었다.

민주: 원자력과 신재생에너지 등 다양한 것을 배울 수 있어서 너무 좋은 경험이었다. 그리고 우리 열일곱 명의 패널이 고양시의 학생들을 대표하여 토론하는 것이므로 책임감이 강하게 느껴졌다.

재훈: 많은 중학생 친구들이 굉장히 지식이 많았으며 말을 하는 기술 면에서도 굉장히 내가 배울 것이 많았다. 합의회의를 통해 지식만 얻은 것이 아니라 새로운 관계를 얻은 것 같아 기쁘다.

우진: 원자력과 우리나라 에너지 경제에 대해 배우며 내가 생각한 의견이 흔들리기도 하고 나의 의견에 살을 붙이기도 하는 과정을 거치면서 최종 합의회의 때는 내가 동의하는 쪽으로 합의가 이루어져 좋았다.

4. 우리 가족만의 추억, 그리고 특별 레시피

성사청소년문화의집에서는 매년 가족 프로그램을 진행해오고 있는데, 창의 요리 활동으로 가족들의 스토리가 담긴 케이크를 만드는 'SS베이커리', 가족들이 5월 가정의 달에 야외에서 오감 만족 체험을 하는 'SS패밀리데이' 등이 있다. SS로 시작되는 사업명은 '성사'를 뜻하는 영문 스펠링이기도 하지만, 동시에 '소중한 스토리'를 의미하기도 한다.

성사청소년문화의집은 고양시 덕양구 성사동에 있는 복합체육·문화 공간 '어울림누리'에 자리를 잡고 있다. 어울림누리는 체육, 공연, 교육, 복지 등을 복합적으로 누릴 수 있는 문화 요충지이고, 게다가 어울림누리를 중심으로 대단지 아파트가 밀집되어 있어 지역 주민들의 문화의집 접근이 용이하다는 지리적 특성이 있다. 이로 인해 어울림누리 내 공연장, 체육관, 빙상장, 교육문화센터는 물론, 문화의집에서 도보 1분 거리에 있는 고양영상미디어센터, 고양덕양노인종합복지관을 이용하는 폭넓은 연령층의 지역 주민들에게 성사청소년문화의집 시설과 사업에 대한 높은 수준의 인지도가 유지될 수 있었다. 특히, 청소년 자녀를 둔 부모님들의 높은 관심과 더불어 가족 활동에 대한 꾸준한 욕구가 있었기 때문에 정기적으로 가족 프로그램을 개발·운영하고 있었다. 실제로 가족 프로그램을 통해 문화의집에 첫 방문하게 된 청소년이 그 뒤로 문화의집 청소년 활동사업에 관심을 가지고 참여하는 사례도 있었다.

성사청소년문화의집 가족 프로그램은 체험에 참여 가족들이 저마다의 특별한 스토리를 담을 수 있도록 구성하여 가족별 맞춤형 활동이 되도록 한다. 가족 구성원 간 소통의 물꼬를 틀 수 있는 시간을 마련한 것이다.

본 활동을 통해 가족마다 훌륭한 결과물을 완성한 뒤에는 가족들이 논의를 통하여 발표 준비를 하고, 발표와 피드백을 통해 참여 가족 간의 교류가 이루어질 수 있도록 했다. 발표는 되도록 청소년이 담당하게 하여 가족 구성원 중 한 명으로서 역할을 다하며 가족에 대한 자긍심을 향상할 수 있도록 했다. 두 번째 특징은 가족의 인원을 2인으로 제한하여 모집한 것이다.

이렇게 기획한 이유는 여러 가지가 있는데, 가장 큰 이유는 '깊이 있는 소통'을 사업의 중점 테마로 설정했기 때문이다. 단 두 명의 가족 구성원이 참여할 때 서로에게 더욱더 더 집중할 수 있고, 깊이 있는 대화를 나눌 수 있다. 또 다른 이유는 다양한 형태의 가정 속 청소년이 부담이나 소외감을 느끼지 않고 편안하게 가족 프로그램에 참여하게 하기 위함이다. 한부모 가정의 청소년이 다른 참여 가족을 의식하지 않고 편안한 마음으로 활동에 집중할 수 있기를 바랐다. 세 번째 특징은 청소년과의 공동 기획 · 운영이다. 청소년 자원봉사 동아리 등 문화의집 소속으로 활동하는 청소년 중 희망자를 조사하여 가족 프로그램의 기획과 운영을 함께 했다.

이러한 특징 외에도 평소 자녀와 함께 문화의집을 이용하는 지역 주민과 남낭자의 소통(상시)과 프로그램에 참여한 가족 대상 만족도 조사에 제시된 욕구를 적극적으로 반영하여 사업을 기획했다는 점, 그리고 이로 인해 참여 가족의 만족도와 재참여 의사가 타 사업에 비해 매우 높다는 점도 성사청소년문화의집 가족 프로그램의 특징이라고 할 수 있다.

'집'의 새로운 발견

2019년이 저물어가는 때에 중국에서 등장한 이후 코로나19는 쉽게 물러나지 않았고 오히려 무서운 기세로 확산했다. 만남과 관계 형성을 기반으로 청소년 활동의 포문을 열던 기존의 사업 방식은 더는 시도조차 불가능했다. 기존 가족 프로그램처럼 '실내 · 외에서, 여러 가족과 함께'

참여하는 것이 불가능하다면, '집에서, 우리 가족만' 참여하면 문제가 되지 않았다. 콘텐츠를 설정하는 것도 오래 걸리지 않았다. 그동안 지역사회 가족들의 참여율과 만족도가 높았던 주제이기도 하고, 삼시 세끼를 집밥으로 해결해야 하는 시대의 흐름을 고려하여 요리 활동으로 정했다. 이렇듯 사회 이슈는 청소년 사업 기획의 힌트를 제공한다.

가족 레시피 온라인 공모

문제는 '어떻게'였다. 각 가정에서 진행되는 요리 활동이기 때문에, 자칫하면 단순히 요리 식자재만을 배달해주는 지원 형태의 사업이 되어버릴 가능성이 있었다. 기존 가족 프로그램의 특성인 가족별 '스토리'를 가족별 '레시피'로 구체화했다. 가족마다 특별한 날에 만들어 먹는 음식이나 추억이 담긴 음식이 있기 마련이다. 레시피의 분야도 특별 레시피, 건강 레시피, 마음 레시피로 세분화했다.

○ 특별 레시피: 우리 가족만의 특별한 스토리나 추억이 담긴 레시피
○ 건강 레시피: 코로나19를 이겨낼 면역력 증진 요리 레시피
○ 마음 레시피: 코로나블루에 대처하는 달콤한 디저트 레시피

하나의 분야를 골라 창의적인 레시피를 구상, 온라인 신청서를 제출하는 방식이다. 향후 모든 참여 가족의 보고서를 취합·편집하여 〈고양 가

족 레시피북〉으로 엮어 지역사회 가족들과 공유할 수 있도록 최대한 구체적인 내용을 담을 수 있도록 공을 들였다.

포스터

시작도 온라인으로

온라인으로 모집을 했는데 단 열흘 만에 총 47명(가족 12팀)이 소중한 가족 레시피를 공유해주셨고, 레시피 분야도 다양하게 접수되었다.

접수 기간이 종료된 후에는 곧바로 선정 심사를 진행했다. 문화의집 직원이 직접 심사위원이 되어 독창성, 사업 적합성, 스토리, 성실성이라는 네 가지 평가 항목에 따라 공정한 심사를 진행했는데, 일곱 가족의 레시피가 선정되었다. 다음에는 요리사나 영양사 등의 전문가 심사를 포함해 심사의 질을 높이자는 논의가 이루어졌다.

○특별 레시피: 할머니의 동치미와 꽃전골, 말랑고기국, 소고기미역국
○건강 레시피: The 건강한 샌드위치, LA김밥 and 월남쌈
○마음 레시피: 향기 가득한 꽃밥, 바나나 핫케이크

일곱 빛깔 무지개처럼 다양한 일곱 가족의 일곱 레시피. 그에 필요한 각종 재료가 일곱 가정으로 안전하게 배송되기까지… 문화의집 직원의 협업이 빛나는 순간이 많았다. 안전하고 위생적인 활동을 위하여 가족별 식자재와 함께 위생용품(손 소독제, 소독 티슈 외)과 안내지(주의사항 및 결과 보고서 제출 안내 등)가 동봉되어 발송되었다.

우리 가족만의 레시피로, 우리 가족만의 요리를

본 활동인 가족 요리 활동은 가족별로 자유롭게 활동일을 설정(4월 25일부터 5월 5일 중)하여 진행했다. 담당자로서 직접 활동을 보고 듣지 못하는 아쉬움이 있었지만, 사진과 메시지로나마 가족 활동 현장의 분위기를 느껴볼 수 있어서 행복했다.

특히 기억에 남는 사례는 청소년이 직접 부모님을 위해 소고기미역국을 끓여 대접한 사례이다. 미역국이라는 음식이 다소 일상적이고 재료도 일곱 가족 중 가장 적게 들어갔지만, 즐거운 일이 생길 때마다 미역국을 끓여주셨던 부모님에게 기쁨을 드리고 싶다며 서투른 솜씨로 요리해 부모님께 식사를 대접한 청소년의 마음과 가족의 단란함이 사진만으로도 충분하게 느껴져 감동을 주었다.

식용색소와 쌀가루, 앙금 등을 활용해 판매하는 것보다 더 멋진 떡케이크를 뚝딱 만들어낸 쌍둥이네 가족, 조부모님과 부모님, 조카까지 대가족이 한자리에 모여 월남쌈으로 즐거운 저녁 식사 시간을 보낸 가족, 그리고 중학생 딸과 아빠가 함께 만든 바나나 핫케이크에 '오늘도 빛나는 너에게'라는 요리 제목까지 붙여준 화목한 가족까지. 참여 가족들의 따뜻한 스토리가 넘쳐났다.

소중한 결과 – 고양 가족 레시피북

활동 종료 후 참여 가족들에게 사전 공지했던 결과물을 요청했다. 비대면이지만 자주 소통한 덕분에 생각했던 것보다 수월하게 결과물을 취합할 수 있었는데, 기대 이상으로 정성이 담긴 가족들의 활동 후기를 보고 매우 감동했던 기억이 난다. 결과물 양식은 준비해두었지만, 자유로운 양식에 작성·제출도 가능했다. 일기 형식으로 작성한 가족, 파워포인트를 활용한 가족 등 다양한 형태의 결과물을 확인할 수 있었다.

가족들의 소중한 활동 결과물은 취합과 편집을 거쳐 고양시민 누구나 보고 즐길 수 있는 '고양 가족 레시피북'이 되었고, 온라인(홈페이지, SNS 등)을 통해 널리 공유되었다.

비대면 가족 프로그램 '우리 가족 특별 레시피'는 코로나19 상황에서 가정에만 있는 청소년들이 활력을 찾고 요리에 의미를 더하고 함께 대화하며 만들어가는 과정 중에 가족 소통이 이루어질 수 있도록 하였다. 개학 연기 및 학사 일정의 변경 등으로 불안감을 겪고 있는 청소년들에게 건강식 요리 활동을 통해 신체적 건강은 물론, 가족과 즐거운 활동으로 정서적 건강을 지킬 기회를 제공했다는 것에도 의미가 있다. 참가 가족의 만족도도 매우 높았다.

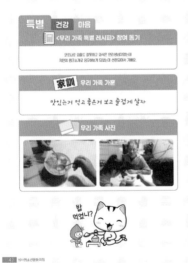

청소년과 부모님의 활동 소감

"오랜만에 특별식을 만들면서 딸아이와 즐거운 시간을 보냈다."

"아이들이랑 할머니, 할아버지와 함께 공유하며 이야기할 수 있는 점이 좋았다."

"가족과 함께 활동하고 완성을 하니 정말 좋은 시간이 되어 좋았다."

"코로나19 전염병으로 등교, 외출도 힘든 상황에서 이런 활동을 통해 신청을 하고 두근대는 마음으로 선정되길 기다리며 아이들과 뜻깊은 추억을 만든 것 같다."

청소년
_____

핵심역량
_____

키워주는
_____

3 장

협업

협업

"협업은 하나의 공동 목표를 향해 여러 명의 재능, 전문 지식을 합치는 능력이다."(청소년 활동진흥원, 2019)

"협업(Collabolation)은 하나의 팀 안에서 공동의 목표를 향해서 함께 활동하고 작업하는 능력인데 충돌을 막고 갈등을 관리하는 능력이 포함된다."(세계경제포럼, 2015)

O 나는 학교나 지역사회에서 일어나는 일에 관심을 가진다.

O 나는 학교나 지역사회에서 일어난 일에 대한 내 생각을 말이나 글로 표현한다.

O 나는 잘못된 일에 대해서는 내 생각을 당당하게 이야기한다.

O 나는 과제를 함께 하면서 내가 맡은 일이 마음에 들지 않더라도 최선을 다한다.

O 나는 과제를 함께 하는 친구들이 힘들어할 때 힘이 나도록 응원한다.

O 나는 과제를 함께 하는 과정에서 친구들과 좀 더 친해지려고 노력한다.

O 나는 과제를 함께 하는 과정에서 다투더라도 양보하며 끝까지 마무리한다.

O 나는 과제를 함께 하는 친구들끼리 다투면 서로 화해하도록 나서서 돕는다.

1. 나를 위한 시작, 우리로 끝난 도전

이루어DREAM과 국토종주의 시작

'이루어DREAM'은 청소년들의 꿈을 표현하고 이루기 위해 진행한 프로그램인데 특별한 주제를 정하지 않고 어떤 프로젝트이건 그 계획의 체계성과 실현 가능성을 평가하여 지원하는 사업이다.

이 활동은 단순한 질문에서 시작되었다. 고양시의 청소년진로센터에는 대학생이 다니는 대학교의 근로장학생으로 근무를 한다. 근로를 경험하면서 직장 체험도 하는 좋은 제도라 생각된다. 이 학생이 "우리 해보고 싶은 것은 너무 많은데 도전해볼 돈이 없어요."라고 말했다. 그래서 후기 청소년(만 19~24세)을 대상으로 자신의 꿈을 실현하기 위한 프로젝트를 공모하게 되었다.

첫해에 융합 교육, 뮤지컬, 전시, 영화 제작, 커뮤니티 생성, 책자 발간

등 다양한 프로젝트들이 지원을 받았다. 그중 가장 관심을 받았던 프로젝트는 '행벅한 챌린저' 팀의 '국토종주'였다.

왜 '국토종주'일까

'행벅한 챌린저' 팀은 기획 배경에 대해 다음과 같이 말한다.

"이번 코로나19를 통해 '코로나우울증'에 대한 심각성도 대두되고 있다. (중략) 우울감과 무력감으로부터 탈피하려는 한 방법으로 국토종주를 선택했다. 국토 곳곳의 아름다움을 천천히 감상하며, 자신과의 대화, 노력한 만큼의 성취감, 사람들과의 유대감을 느끼려 한다. 또한, 사회에서 요구하는 과제로 성취감을 얻는 게 아니라 '내'가 원하고 즐겁게 할 수 있는 일로 성취감을 얻고 싶다는 것이 이 프로젝트의 취지이자 우리 팀이 갖고 있는 생각이다."

'행벅한 챌린저' 팀의 프로젝트는 당당히 지원 프로젝트로 선정되었고, 2020년 7월 20일 오전 10시 27분 당당히 국토종주에 첫발을 내딛었다.

양평에서 부산까지

'행벅한 챌린저' 팀의 국토종주는 양평에서 부산까지 약 440km를 17일 동안 걷는 일정이었다.

일차	코스	거리
1일차	양평역 ~ 여주시청	29km
2일차	여주시청 ~ 강정마을회관	23.6km
3일차	강정마을회관 ~ 오석초등학교	28.3km
4일차	오석초등학교 ~ 용문사	25km
5일차	용문사 ~ 문경버스터미널	28.5km
6일차	문경버스터미널 ~ 문경시청	22km
7일차	문경시청 ~ 도남서원	22km
8일차	도남서원 ~ 도개고등학교	23km
9일차	도개고등학교 ~ 동락공원	28.5km
10일차	동락공원 ~ 성주대교	28.3km
11일차	성주대교 ~ 논공학생야영장	29.3km
12일차	논공학생야영장 ~ 창녕옥야고등학교	21.1km
13일차	창녕옥야고등학교 ~ 박진전쟁기념관	25.9km
14일차	박진전쟁기념관 ~ 칠북초등학교 이령분교장	22.7km
15일차	칠북초등학교 이령분교장 ~ 시산회관	26.8km
16일차	시산회관 ~ 물금역	29.6km
17일차	물금역 ~ 부산역	26.8km
총 17일	양평역 ~ 부산역	총 440.2km

다음은 국토종주를 끝낸 후에 '행벅한 챌린저' 팀과 진행한 인터뷰이다.

Q. 이루어DREAM에 지원한 이유와 국토종주를 선택한 이유는 무엇인가요?

A. 우리에게 '행벅한 챌린저' 팀은 청소년으로서 받을 수 있는 마지막 지원이었어요. 정해져 있는 프로그램이 아닌 우리가 주체가 되어 원하는 것을 선택하고, 직접 기획하여 실행하는 '자율성'에 큰 기대를 하며 지원하게 되었어요.

국토대장정을 선택한 이유는 사실 별거 없었어요. 사회로 나가기 전 나에게 시간이 필요하다고 생각했어요. 충분히 생각하고, 걱정하고, 고민해볼 시간이요.

Q. 국토종주의 과정은 어땠나요? 힘든 일은 없었는지?

A. 힘든 일은 너무 많았어요. 매 시간 힘든 일이 생겼던 것 같아요.

총 440km, 17일간의 일정을 소화하다 보니 하루에 6~7시간씩은 걸었거든요.

이렇게 힘든 시간을 보내다 보니, 모두가 예민해져 있었고 이로 인해 생긴 갈등들이 몸이 힘든 것보다 더 힘들었던 것 같아요. 그래서 5일 차

되던 밤에 이 문제를 해결하기 위해 대화를 시작했어요. 우리가 선택한 방법은 무엇이든 다 이야기하는 거였어요. 불편한 것, 꼭 지켜주었으면 하는 것, 하루하루의 소감 등 정말 시시콜콜한 모든 것을 다 이야기하기로 의견을 모았어요. 그리고 팀원이 이야기할 때만큼은 모두가 최선을 다해 들어주기로 했어요. 팀원이 하는 말이 오해가 있거나 잘못된 부분이 있어도 모두 다 듣고 각자의 생각을 이야기하기로 했고 이런 대화 방법을 통해서 우리의 갈등을 해결할 수 있었어요.

국토종주의 과정은 한마디로 꿈같았어요. 시작할 때는 시작하는 게 꿈같았고, 진행할 때는 아름다운 풍경과 사람들의 마음이 꿈같았고, 끝이 났을 때는 끝났다는 게 꿈같았어요. 유튜브에서나 답변을 적으면서도 많이 언급했는데 우리가 그간 생각했던 것보다 훨씬 더 우리에게 따뜻한 마음을 나누어주시는 분들이 많이 있었거든요. 걷는 것은 힘들었지만 사람들의 따뜻한 마음과 멋진 풍경이 함께한 국토종주의 과정은 정말 꿈같았어요.

Q. 걸으면서 무슨 이야기를 하였나요?

A. 걸으면서 정말 많은 이야기를 했던 것 같아요. 국토종주를 잘 끝내기 위해 서로 지켜주었으면 하는 것부터 불편한 것들, 하루하루 느꼈던 것, 앞으로 하고 싶은 일 등 정말 많은 이야기를 한 것 같아요.

그리고 우리가 아직 많이 부족하다는 생각을 하면서 이에 대해 많은 대화를 나눴어요. 사람들을 어떻게 대해야 하는지, 우리는 어떻게 해왔는지, 앞으로는 우리의 관계가 어떻게 변하게 될지 등을 이야기하면서 많은 생각이 스쳤어요. 하지만 이렇게 고민하고, 그 고민을 나누는 것만으로도 충분히 의미 있고, 우리가 성장하고 있으며, 더 성장할 가능성이 있다고도 생각하게 된 것 같아요.

2. 청소년 멘토(mentor)와 멘티(mentee)

'잇다' 프로젝트는 청소년 동아리가 지역사회와 연계하여 자원봉사 활동을 하는 것이다. 우리 마두청소년수련관은 청소년의 사회 참여와 자기 계발의 관점에서 자원봉사가 이루어질 수 있도록 지원하고 있다.

2017년 한 청소년 동아리가 기획한 봉사 활동을 추진할 수 있게 예산과 활동 장소, 멘티 모집 등을 요청해오면서 지역사회와 잇는 자발적인 자원봉사 활동이 시작되었다. 그 후 고등학생 멘토가 초·중학생 멘티를 대상으로 세계화·국제화·다문화 멘토링, 장애 인식 개선·독서 토론, 과학 실험·창의 메이커 활동, 경제·경영 멘토링을 진행했으며, 멘티들도 함께 참여하여 연말에 활동 자료집을 발간하여 결실을 얻을 수 있도록 해왔다. 활동 사례들은 경기도청소년자원봉사대회에서 터전 부문 프로그램 우수성 사례로 소개되어 경기도의회의장상을 받기도 했다.

잇다 프로젝트는 연초에 프로젝트 홍보 및 모집 공고를 게시하면 대부분 10인 내외로 이루어진 멘토단이 어떤 내용으로 무슨 프로젝트를 왜 진행하고 싶은지에 대한 기획안을 제출하게 된다. 그러면 기획안 심사를 통해 수련관과 연계해서 활동할 동아리가 정해진다.

프로젝트 홍보 및 모집 공고	▶	동아리 기획안 접수 및 심사	▶	연간 활동 동아리 최종 선정

잇다 프로젝트 중 '협업'이 빛났던 '공시니' 동아리가 있다. '공시니'는 '모든 학생이 빈부와 지역에 상관없이 자신의 꿈을 찾아 행복한 인생을 살아갈 수 있도록 지식을 나누어준다'는 목표 아래 계속 활동이 이어지고 있는 동아리이다. 2019년에는 '어벤져스, 어셈블!', 2020년에는 '세계시민'이라는 제목으로 멘토링 봉사 활동이 있었다.

스스로 기획한 멘토링 자원봉사 – 어벤져스, 어셈블! (수학 부스)

주제	어벤져스, 어셈블! (수학 부스)
목표	부스 참여자들의 수학 흥미 유발 및 인식 변화, 게임을 통한 협동력 성장
활동계획	1. 총 세 단계의 미션으로 나누어 세 단계를 모두 통과해 지구를 구해야 하는 컨셉으로 진행한다. 2. 각각의 단계를 두 명씩 나눠 담당하고 게임 시작 전에 아이들에게 게임 규칙을 충분히 설명한 후 시작한다. 3. 한 팀당 최대 3명으로 두 팀이 동시에 게임을 시작하고 마지막 단계에서는 두 팀이 함께 게임을 해야 한다. 4. 첫 번째 게임은 몸으로 수학 기호 만들기, 두 번째 게임은 글자 조합 게임으로 흩어져 있는 글자를 조합해 그 글자를 수행해야 하는 게임이고, 마지막 게임은 안대로 눈을 가리고 제시하는 도형을 만드는 게임이다. 5. 아이언맨, 스파이더맨, 토르로 각각의 캐릭터가 가지고 있는 능력치를 다르게 만들어서 서로의 능력치를 섞고 협력해야만 게임을 통과할 수 있게 한다.

어려운 수학을 게임을 통해 쉽게 접근할 수 있도록 멘토들이 의견을 모아 창의적으로 구성했고, 멘토 각자가 역할 분담을 하고 대본까지 작성했다. '어벤져스, 어셈블!'은 청소년들에게 인기 있던 미국 애니메이션이다. '공시니' 멘토들이 생각하기에 '멋진 어른'으로 성장하기 위해 필수적인 요소가 '협동력'이어서 참여자들이 자신들만이 쓸 수 있는 능력으로 협동하게 만들 수 있는 콘셉트가 필요하여 어벤져스를 선택하게 되었다고 한다.

어벤져스 영웅들의 특색을 살린 능력을 분배하고 서로 협동하여 그 능력을 조화시켜야만 게임을 진행할 수 있도록 게임을 구성했다. 빠르게 게임을 해결해나가는 것은 의외로 높은 협동력을 요구한다. 그래서 준비하는 멘토들은 구체적인 역할을 분담하고 수많은 리허설을 거쳤다.

멘토들도 서로 논의를 통해 협력하여 기획과 진행을 하고, 이 부스를 거쳐가는 사람들이 팀원들과 협동심을 기르고 마음을 맞춰 나감으로써 다음 게임에도 문제없이 참여할 수 있게 한다는 의도가 정확하게 구현되었다.

수학행성

형준: 어벤져스 여러분! 빨리 와주세요! 우리 수학행성이 지금 위험하다고요!

채영: 여러분 꼭 다 같이 미션을 성공해서 우리 수학행성을 살려주셔야 해요!

형준: 여러분 저희 행성이 수학행성인 만큼 수학 미션을 성공하셔야 하는데요, 제한 시간 3분 안에 저희가 보여드리는 수학식을 팀별로 몸으로 표현해주시면 됩니다!

채영: 중간에 능력을 사용하시고 싶으신 분은 손을 들어주세요! 그럼 다 같이 어벤져스 어셈블 외치고 게임 시작할까요?

(게임 진행)

형준: 와~ 여러분 너무너무 감사드려요! 여러분 덕분에 우리 수학행성이 다시 행복을 되찾았어요!

채영: 여러분! 다른 행성들도 여러분의 능력으로 꼭 구해주세요! 다음에 또 만나요!

(중략)

지구

승환: 와, 어벤져스 여러분, 벌써 다른 행성들을 다 구하신 거에요? 정말
　　　대단한 걸요!
　　　이제 마지막 우리 지구까지 구해주실 거죠?
희원: 지금까지는 두 팀이 따로 미션을 수행했다면 이제는 두 팀이 힘을
　　　합쳐 지구를 구해내셔야 합니다!
승환: 자, 이제 다 같이 외치고 시작할까요?

(게임)

승환: 역시 어벤져스!! 여러분들이 지구를 구해주셨어요!
희원: 하지만 함께 힘을 합쳐 지구를 구한 여러분과는 달리 아직도 지구
　　　에는 서로 힘을 합치지 않는 사람들이 많아요.
승환: 만약 여러분이 혼자 미션을 수행하셨다면 행성들과 지구를 살릴
　　　수 있었을까요? 개개인의 능력도 중요하지만, 함께 협동할 때 그
　　　능력이 백 퍼센트로 발휘될 수 있는 것을 다들 게임을 통해 느끼
　　　셨죠?
희원: 우리 모두 함께함의 가치를 아는 사람이 되길 바라요!

'공시니', 세계시민

2020년 '공시니'는 세계시민이라는 큰 목표를 설정하고 교과 멘토링을 넘어 교과서에서는 쉽게 만날 수 없었던 사회를 뉴스, 심층 토론 등으로 바라보며 학생들이 사회의 주체적인 구성원이 되는 한 걸음을 내딛는 기회가 될 수 있도록 기획했다.

이외에도 연간 '공정무역, 4차 산업혁명, 정보통신 기술산업, 로봇세와 인류세, 인간과 동물 중심주의, 국제정치와 국제기구, 청소년 실업과 일자리 문제, 지구온난화와 문화 수출, 남북 문화 교류와 평화, 정의와 윤리적 딜레마, AI와 인간의 공존' 등 고등학생 멘토들이 습득한 전문적인 지식을 중학생 멘티들에게 전달하고, 함께 토론하는 과정을 통해서 합의점을 찾아가는 민주적인 의사소통 구조를 확립해왔다.

많은 활동 중 세계시민의식(global citizenship)을 증진하기 위해서 공동체 역량 함양을 주제로 진행됐던 세부 활동을 공유해보고자 한다.

협력을 통해 공동체 역량을 기르기

주제	협력 게임을 통해 공동체 역량을 길러보자!
목표	협력이 필요한 게임을 멘티들과 함께 진행하며, 자연스럽게 공동체 역량의 중요성을 깨닫는다.
기획 의도 및 사전 자료	공동체 역량이란 지역, 국가 등의 구성원에게 요구되는 가치와 태도로써 공동체 발전에 적극적으로 참여하는 능력을 의미한다. 즉, 공동체 역량이란 공동체 발전이라는 공공선을 위한 개별적인 노력을 의미하며 더 나은 공동체를 위해 모든 사람이 공동체 역량을 갖출 필요가 있다. 학생들에게는 공동체 역량의 개념을 잠깐 설명하고, 게임을 통해 공동체를 위한 행동이 자신에게 이로울 수 있다는 것을 경험할 수 있게 한다.
활동 내용	협력을 꼭 해야 승리할 수 있는 게임을 선정하여 미리 준비해간다. 게임은 '몸으로 말해요', '고요 속의 외침', '신문지에서 단어 찾기 게임'을 실시한다. '몸으로 말해요'는 팀원 중 한 명이 말을 하지 않고 몸으로만 주어진 단어를 설명하여 나머지 팀원들이 맞히는 게임이다. '고요 속의 외침'은 입 모양으로만 주어진 단어를 뒤에 사람에게 전달하여 맨 마지막 사람이 맞히는 게임이다. '신문지에서 단어 찾기 게임'은 '존중', '사랑', '협력'과 같이 주어진 단어를 신문지에서 가장 빨리 찾는 팀이 승리하는 게임이나. 각 게임은 팀 대항으로 이루어지며 팀으로서 활동하며 즐거움 및 성취감을 얻는 경험을 통해 공동체 역량을 자연스럽게 기른다.
준비 사항	신문지 활동을 하는 데에 필요한 신문지 등의 준비물이 구비되어야 하며, 퀴즈게임 같은 경우는 스케치북과 노트북 등을 준비한다.

주제	지속 가능한 지구 공동체를 위하여-유엔 지속가능개발목표
목표	유엔이 제안한 지속가능발전목표의 취지를 이해하고 주요 목표 중에 관심이 있는 하나의 목표를 심층적으로 탐구한다.
기획 의도 및 사전 자료	유엔은 급변하는 산업 사회 속에서 발생하는 환경오염과 빈부 격차 등 구조적이고 문화적인 문제들을 해결하려는 방안으로 지속가능개발목표를 제시했다. 지속가능발전목표 혹은 지속가능개발목표라고 불리는 이 지표는 빈곤과 질병 등 인류의 보편적인 문제와 더불어 기후 변화와 생물 다양성 등, 지구 환경 문제, 나아가 기술, 사회 구조, 생산 및 소비 등 경제 사회 문제를 아울러 2030년까지 17가지 주된 목표와 169개 세부 목표로 해결하고자 이행하는 국제 사회 최대 공동 목표다.

활동 내용	유엔이 제시한 주요 17가지의 지속가능개발목표에 대한 설명을 진행한다. 사전에 자료를 조사한 내용을 토대로 지속가능개발목표의 취지와 향후 계획을 전반적으로 설명한 뒤 어려울 수 있는 개념을 이해하기 쉽게 설명해준다. 그리고 각자 흥미가 있는 목표를 한 가지씩 선정한 뒤 이를 심층적으로 탐구하는 활동을 진행한다. 예를 들어, 17가지의 목표 가운데 '책임감 있는 소비와 생산'을 선정하고 이와 관련된 기사와 논문을 조사하는 것이다. 그리고 논문에서 어려울 수 있는 개념은 멘토와 함께 알아갈 예정이다. 심층적인 조사를 한 뒤에는 각자가 선정한 목표를 주제로 PPT를 제작하고 발표를 한다.
준비 사항	유엔의 지속가능개발목표와 관련된 기사와 논문을 읽은 뒤, 이를 토대로 멘토링 활동을 준비한다. 그리고 미리 멘토들끼리 합의를 통해 하나의 목표 선정을 한 뒤 이를 심층적으로 조사하여 PPT 자료를 제작하여 예시로 활용한다. 참고자료는 다음과 같다. '김남희(2015), 유엔 지속가능개발목표(SDGs)의 의미와 시민사회의 과제, 월간 복지 동향(204), 38~42.'

언뜻 보면 관계성이 적어 보이는 두 활동은 치밀한 계획하에 진행되었다. 지속가능한 지구 '공동체'를 위해서 멘티들이 '합의'를 통해 한 가지 목표 선정을 한 뒤 함께 발표 자료를 준비하는 활동에 앞서 '협력'을 통해 '공동체 역량'을 함양할 수 있는 게임을 진행했다.

잇다 프로젝트에 참여한 멘토들은 동아리 구성원 서로뿐만 아니라 때로는 멘티들과, 때로는 지도자와도 협력하면서 미래 시민으로서 성장할 수 있는 발판을 확실히 마련한다.

청소년들의 활동 소감

수경: 내가 배운 지식을 멘티들에게 전해줄 수 있어서 매우 값진 경험이었다. 학생들에게 진정으로 필요한 교육은 무엇일지 고민해볼 수 있었다.

다예: 모든 학생은 자신의 꿈을 찾아 행복한 인생을 살아갈 수 있도록 지식을 서로 나누고 받아야 한다는 생각을 가질 수 있었다. 나의 진로를 더 뚜렷하게 찾아가는 데 도움이 되었다.

채은: 수업시간에 배운 내용을 멘티에게 전해주면서 보람을 많이 느꼈다. 또한, 멘토링을 준비하고 시행하고 의견을 공유하면서 서로 배우고 발전할 수 있었다.

승혜: 준비를 하면서 새로운 것들을 알게 되고, 멘티들에게도 많이 배울 수 있어서 멘티들만큼 성장할 수 있는 알찬 활동이었다.

나현: 정보를 제공하는 사람, 즉 멘토는 멘토링 주제에 대해 매우 깊이 이해하고 있어야 한다는 것을 알게 되었다. 내가 배운 것을 가르치는 과정을 거치며 기존의 지식을 한층 심화할 수 있었다.

다연: 교과 공부로 얻을 수 없는 지식까지 체득할 수 있었다. 점점 스스로 성장하고 있다는 생각이 들어서 뿌듯했다.

희원: 상황이 안 좋아서 작년부터 해오던 대면 멘토링의 형식은 못 하게 되어 아쉬웠지만, ZOOM을 통해 비대면 멘토링도 하면서 새로운 경험도 쌓아갈 수 있었다.

혜은: 교육자를 꿈꾸기 때문에 '공시니'는 교육의 현장을 체험해보는 시간을 준, 소중한 기회였다.

형준: 멘토링 활동 기획이 체계적이고 자유롭게 구성되어 있어서 수업을 다채롭게 준비하며 지식을 심화하는 기회가 되었고, 멘티들을 가르치는 과정에서 보람을 느꼈다.

채영: 잇다 프로젝트는 우리에게 선물 같은 존재였다. 단순한 멘토링을 넘어 멘티들과 함께 수업을 만들어나가는 시간이 참 즐거웠고, 많은 것을 배우고 느낄 수 있었다.

건중: 내가 알려준 내용을 토대로 멘티 친구들이 PPT를 만들고 이에 따라 다른 멘티들 앞에서 발표할 때 내가 멘티들에게 도움이 된 것 같아서 너무 뿌듯했다.

3. 평화통일을 위해 우리가 할 수 있는 일

고양시는 북한과 가까이 있어 평화통일에 관한 관심이 다른 어느 곳보다 높은 지역이며 시의 정책 목표에서도 '평화경제특별시', 남북통일을 위한 평화경제 거점도시로 정하고 있다. 마두청소년수련관에서는 2015년부터 청소년들이 참여하는 평화통일 활동들을 진행해오고 있는데 청소년들의 일상생활 평화부터 남북분단, 그리고 나아가 국제 사회의 평화에 이르기까지 평화에 대한 이해를 높이는 활동들이다.

2018년에는 차이, 차별, 폭력, 소통과 평화적 관계를 형성하는 것에 대해 의견을 나누고 평화 비전을 구상하였다. 또한, 미국 청소년들과 함께 2박 3일 동안 파주 캠프 그리브스에서 숙박을 하며, 조별로 평화선언문을 작성하고, 이를 모아 '한·미 청소년 평화선언문'을 작성하였다.

이때 캠프에 참여했던 청소년들이 1회에 그치는 활동이 아니라 평화통일을 주제로 지속해서 활동하는 동아리를 만들고 싶다고 제안하였다. 동아리의 이름은 '평화외교단'으로 정했다. 청소년들은 별칭으로 Peace Maker의 약자를 따와 'P.M.'이라고 정하고, '청소년평화외교단P.M.'으로 이름을 지었다.

평화 또래 지도자 양성 교육

'평화외교단P.M.' 청소년들은 평화의 주제를 개인, 지역, 국가 이렇게 3가지 영역으로 나누고, 개인의 평화는 평화 감수성, 지역의 평화는 갈등 해소, 국가의 평화는 평화통일로 설정했다. 그리고 평화 감수성, 갈등 해소, 평화통일에 대해 이해를 넓히고 다른 청소년들과 지역 주민들에게 이를 알릴 수 있는 활동을 하기로 했다.

부족한 회원을 모집하여 2020년에는 17명으로 구성되었다. 그동안 P.M. 청소년들은 또래 청소년에게 평화에 대하여 알려줄 수 있는 수준의 교육을 받아왔는데, 새로 동아리에 합류한 청소년들 역시 '평화 또래 지도자 양성 교육'이라고 하여 4회의 교육을 받았다.

평화 사회적 기업 – 청소년 평화학교

평화통일이 되었을 때 나타날 수 있는 문제점을 해결해보는 과정을 거치면 어떨지를 논의하게 되었고, 그 형태를 '사회적 기업 만들기'를 해보기로 방향을 잡았다. 왜냐하면, 사회적 기업은 사회 문제를 해결하는 과정을 거치면서 지역사회에 공헌하고 과정 중에 수익도 발생시키기 때문이다. 그렇게 해서 '평화통일의 문제를 해결하는 기업 만들기'를 주제로 한 활동을 하기로 방향을 정했다.

P.M. 청소년들이 기획하여 일반 청소년과 함께하는 청소년 평화학교를 열기로 하고 이에 함께할 청소년 20명을 모집했다.

프로그램은 평화교육, 팀 역할 나누기 및 문제 찾기, 평화통일 기업 만들기 순으로 3회로 이루어졌다.

1회 평화교육은 P.M. 청소년들이 직접 사전 평화교육(평화 감수성, 한반도 역사, 평화통일 장단점) 영상을 만들어 구글 클래스룸에 과제로 올리고, 영상 시청 후 작성할 수 있는 과제도 함께 만들었다.

2회에는 4개의 팀으로 나누고 팀별로 2~3명의 P.M. 청소년이 팀장과 조력자의 역할을 하였다. 팀원들이 생각하는 문제점과 이유를 토론하여 '팀 계획서'를 작성하였다. 논의 내용은 남북 주민들의 언어 차이, 생각의 차이, 문화적 차이, 경제적 차이, 정치 체제 등 모든 면에서 차이가 있다는 의견이 나왔다.

3회 평화통일 기업 만들기에서는 나온 문제점을 해결하는 대안을 논의하였고, 그것을 기업으로 구상한 후 '기업 계획서'와 '기업 포스터'를 작성하였다. 대안으로 모인 의견을 소개하면 다음과 같다.

- 인식의 차이를 줄이기 위한 교육과 홍보물이 필요하다.
- 언어 차이를 해결하기 위해 음성번역기를 만든다.
- 남북 국민들 간의 교류를 장려한다.
- 서로 간의 문화를 체험하고 이해할 수 있는 체험 활동을 늘려나가야 한다.
- 문화 이해를 위해 상호 TV 시청, 캠페인, 행사 등이 필요하다.
- 북한의 자원과 남한의 기술력을 결합하면 통일 비용을 해결할 수 있다.
- 기차를 타고 유라시아 여행을 할 수 있고, 남북한 음식을 맛보며 문화적 거리감을 줄일 수 있다.

그리고 나온 문제를 기차 관광, 스포츠 대회, 엔터테인먼트 등의 다양한 방법으로 문제를 해결하기 위해 팀별로 사회적 기업 계획서를 작성했는데 매우 흥미롭다.

O 'KUNPI(Korea Unifying & Peace Institution)' 팀 : 문화부, 체육부, 관광부, 교육부 사업을 받아 남북교류협력을 진행하는 기업. 시민, 연예

인이 모두 출연하는 프로그램 제작, 이산가족 상봉 프로그램 제작, 관광, 평화캠프, 남북한 스포츠 대회, 학생 교육 SNS 서비스 제작

ㅇ '징검다리' 팀 : 개성공단 재가동, 남북 협력 박물관 건설, 북한 광산 박물관 관광 프로그램

ㅇ 'Begin Again' 팀 : 남북 문화 체험 시설 운영, 남북 주민 이야기 유튜브 운영, 문화 박물관 운영, 남북정상회의, 문화를 이해할 수 있는 투어 시설 운영, 스포츠 경기 개최

ㅇ '싸운 거 아니에요' 팀 : 남북 유라시아 철도 사업. 열차에서 남북 음식 판매, 요리 수업 개설, 남북 열차승무원 고용, 열차 내 전시

온라인 운영

청소년 동아리 회원들이 주도적으로 프로그램을 구상하고 역할 분담을 하여 또래 청소년과 좋은 활동을 이끌어갔다. 이 프로그램을 통해 청소년들의 평화통일에 대한 관심도가 향상되었고 객관적인 지식을 쌓을 수 있었다. 또한 또래 청소년과 함께 통일 이후에 대하여 논의하고, 문제점을 찾은 다음, 문제를 해결하는 기업을 만들면서 문제 해결 능력을 기르고 모든 과정에서 온라인으로 서로 소통, 협력하여 협업 능력이 향상된 점이 큰 성과이다.

청소년들의 활동 소감

다현: 이렇게까지 깊게 통일에 대해 생각해본 적도 없었을 뿐만 아니라, 기업을 만들어본 적도 처음이라 새로웠고 다시 한번 '통일'이라는 문제에 대하여 진지하게 생각해본 것 같다.

채민: 무조건 "통일해야 한다."라고 말하기보다는 그동안 몰랐던 통일의 문제점에 대해서도 알 수 있었고 동시에 이 문제들을 해결할 방법들도 많다는 것을 알게 되었다.

승호: '통일 이후'의 미래에 대해, 다른 친구들과 생각해보며 의견을 모아서, 하나의 계획서와 포스터로 정리해보는 경험을 해서 기쁘다.

민서: 팀을 구성하여 통일을 실현할 수 있는 기업을 창출해 냄으로써 다시 한번 공동체적 의식이 중요하다는 것을 느꼈고, 나와 다른

의견들을 듣고 수용함으로써 한층 더 성장할 수 있었다.

다연: 항상 문제의식을 하기만 했는데, 직접 나서서 해결을 해보니까 오히려 덜 막막해 보였고, 통일에 대한 긍정적 인식이 늘어나는 기회였다.

인호: 통일이라는 하나의 논점에서 시작해서 다양한 생각을 하는 사람들과 함께 생각을 나눌 수 있었고 다양한 의견을 보고 배우는 뜻깊은 시간이었다.

윤서: 이번 활동을 통해서 남북통일이 실현되었을 때의 여러 가지 문제점을 발견하고, '남북 유라시아 철도 사업'을 통해 남북 간의 갈등을 해소할 수 있음을 깨달았다.

서영: 마냥 어렵게만 다가오던 주제에 대해 함께 의견을 나누어보고 협력하여 기업도 만들어보는 과정이 무척 즐거웠다.

4. 우리의 기후 대응 행동

자원봉사 동아리 '씨밀레'의 탄생

성사청소년문화의집 청소년 자원봉사 동아리 '씨밀레'는 2006년부터 활동을 이어온 역사 깊은 동아리이다. 이탈리아어 '씨밀레(simile)'는 '악보에서 먼저 연주한 부분과 같게(다시) 연주하라'는 음악 용어이다.

기획-진행-평가를 통해 봉사 활동을 전개하고, 평가 사항을 다시 기획 단계에 반영(환류)하여 첫 단계로 돌아가는 청소년 자원봉사 동아리 씨밀레의 활동과 그 의미가 닮았다고 볼 수 있다.

이는 봉사 활동의 가장 중요한 특성 중 하나가 '지속성'임을 인지하고, 동아리의 캐치프레이즈(catchphrase)를 '초심을 잃지 않는 봉사 활동'으로 설정한 것과 일맥상통한다. 이와 관련하여 씨밀레의 로고에 있는 'S'는 씨밀레의 첫 스펠링을, 새싹 모양은 초심을 나타낸다.

씨밀레는 월 2~3회 정기회의를 통해 봉사 활동의 아이디어를 공유하고, 구체적인 활동을 기획한다. 회의는 대표, 부대표 청소년이 직접 퍼실리테이터가 되어 진행하는데, '모든 의견은 동등하게 귀중하다'는 원칙 속에서 모든 동아리원이 적극적으로 의견을 개진한다. 이후에는 담당 지도자의 피드백을 통해 현실화한다.

2019년을 마무리하면서 2020년 하고 싶은 씨밀레 활동에 대해 동아리원들의 의견을 조사하였다. 총 3가지 주제에 대한 선호 조사를 진행했는데 조사 결과 '기후 변화'와 '우리 문화'가 가장 높은 득표 결과가 나타났다. 또한, 추가로 조사한 희망 활동 주제에 대한 주관식 답변으로 환경(기후 변화)과 관련된 활동에 대한 구체적인 아이디어가 제시되었다.

기후 변화 프로젝트 '#나의기후행동'

그래서 2020년에는 기후 변화 프로젝트를 주제로 선정했다. 청소년이 실천할 수 있도록 탄소발자국을 줄이는 다양한 봉사 활동을 기획하고, 고양시의 환경 정책을 홍보하여 시민들의 관심을 환기하고, 지역 청소년들에게 긍정적인 영향을 주는 활동을 하기로 했다.

1월이 되자마자 씨밀레는 임원진을 선출하고, 활동을 그만두는 청소년을 대신하여 신입 단원을 선발하기로 하고 연간 활동을 논의했다. 2월에는 신입 단원을 공개 모집하고 연임 회원들이 직접 면접을 통해 선발하고, 연임 단원과 신입 단원이 서로 친해지는 활동을 거쳤다.

오리엔테이션의 기획, 진행, 평가는 모두 씨밀레 청소년이 주도하여 진행했다. 대표 청소년은 씨밀레 활동이 단순히 주어진 봉사 활동에 참여하고 끝나는 것이 아니라, 직접 활동을 기획하고 전개하며, 평가를 통해 다시 기획하는 일련의 활동이라는 것을 전달할 수 있도록 노력을 했다. 모든 교육과 소개를 마무리한 뒤에는 부대표 청소년이 진행하는 아이스브레이킹 시간을 통해 신입 동아리원과 기존 동아리원 간의 관계 형성 시간을 가졌다.

2월 OT

씨밀레의 2020년 활동은 2월 오리엔테이션부터 12월 평가 회의까지의 기후 변화와 관련한 월별 일정이 빼곡하게 계획되어 있었다. 그러나 갑작스럽게 시작된 코로나19의 등장은 본격적으로 시작하려던 씨밀레의 활동에 제동을 걸었다. 대표, 부대표 청소년은 '잠시 멈춤'보다는 '대책 회의'를 택했다. 3월 한 달을 무의미하게 쉬며 보낼 수 없다는 것. 이로 인해 씨밀레 활동 역사상 최초로 정식 온라인 회의가 개최되었다. 그 결과 각자의 자리에서 안전하게 참여할 수 있는 온라인 캠페인이 제안되었다. 이를 다시 전체 동아리원과 공유하여 캠페인의 구체적인 형태(일정, 역할, 작성할 문구, 촬영, 편집 등)에 대해 논의했고, 실제로 온라인 캠페인 결과물이 나오기까지 오래 걸리지 않았다.

3월 온라인 캠페인

4월, 집에서 봉사 활동! 나와 지구의 안전!

씨밀레 청소년들의 희망적인 예상과는 달리, 코로나는 쉽게 잠잠해지지 않았다. 다시 대책 회의가 시작되었다. 코로나 상황에서 씨밀레가 할 수 있는 봉사 활동을 찾고 싶었기 때문이다.

씨밀레는 가장 큰 일상의 변화로 '마스크 착용'을 꼽았다. 마스크가 주는 답답함은 물론이고, 한 번 쓰고 버리게 되는 마스크가 환경에 미칠 악영향이 걱정되기 시작했다. 자연스러운 대화 속에서 '코로나19-일회용 마스크-기후 변화'의 접점을 발견한 것이다. 아이디어를 구체화하는 순간이었다. 마스크를 만들자.

온라인 조사 활동을 통해 재단 없이 의료용 테이프를 활용해 제작하는 다회용 마스크를 발견하고, 이를 직접 만들어보기로 했다. 마스크를 만드는 데 필요한 물품을 담당 지도자 선생님과 함께 구성하고, 각자의 집으로 받아 따로, 또 같이 활동을 전개해보기로 했다. 완성된 마스크는 잘 포장하여 기후 변화를 알리는 메시지와 함께 '문화의집'으로 제출되었다. 이후에는 씨밀레의 의견에 따라 방과 후 아카데미(노을학교) 후배 청소년들을 위해 기부되었다.

평가회의 역시 온라인으로 진행했다. 코로나 상황이 계속 이어질 경우, 화상 회의 플랫폼을 통해 더욱더 원활한 회의와 활동을 진행하자는 종합 제언으로 평가 회의를 종료했다.

4월 활동 이후, 씨밀레는 연간 활동의 전체적인 내용을 전면 수정하기로 했다. 정기회의를 통해 활동 전체를 온라인 비대면으로 전환할 것을 결정하고, 구체적인 수정 사항을 논의해나갔다.

회의 결과, 기존 견학과 체험 중심이던 활동을 팀별 온라인 조사와 대응 행동 등으로 변경을 했다. 원활한 온라인 비대면 활동을 위해 14명의 씨밀레 청소년을 세 개의 소그룹으로 구분했다. 기후 변화를 보는 관점을 중심으로 '글로벌', '지역사회(고양시)', '청소년'을 각 팀의 주제로 선정했다.

나아가 6월부터는 조사한 내용을 바탕으로 실천해볼 수 있는 다양한 기후 변화 대응 행동을 실행했다. 예컨대, 글로벌 팀은 기후 변화 관련 도서와 영화를 보고 공유했고, 지역사회 팀은 고양시에서 실시하고 있는 기후 변화 대응 정책을 조사해 공유했다. 청소년 팀은 청소년으로서 실천할 수 있는 일상 속 대응 행동을 직접 해보고, 그림일기로 공유했다. 서로 직접 보지는 못하지만, 온라인 만남을 통해서도 협업으로 함께하는 활동이 가능했다.

구분	A팀	B팀	C팀
주제	글로벌(지구의 온도)	지역사회(고양시)	일상생활(청소년)
온라인 조사 활동	'기후 변화'란?	고양시 기후 변화 정책	코로나와 기후 변화의 관계
	지구온난화 1.5도 특별 보고서	고양에서 할 수 있는 기후 변화 대응 행동	일상생활 속 청소년이 실천 가능한 기후 변화 대응 행동
실천 활동 (개별)	환경 서적 · 영화 감상	고양시의 명물, 피프틴 활용법	저탄소 생활 실천 그림일기
실천 활동 (통합)	불편한 진실 마주하기 (환경 서적 & 영화 추천 친환경 피켓 제작)	NO PLASTIC 피크닉 (고양시 공원에서 즐기는 친환경 피크닉)	자연을 Take out (일회용 컵 재활용)

⇩

7월 이후에는 그동안 조사한 이론적 내용과 실천한 행동을 바탕으로 웹진 〈씨밀레의 기후 변화 이야기〉를 제작했다. 웹진 내용을 구성하고, 원고를 작성하고, 다시 수정하고, 새로 추가할 내용을 조사하며 한 권의 웹진을 공동으로 완성하기까지 씨밀레 청소년들의 많은 노력이 있었다. 초심을 잃지 않는 씨밀레 청소년들의 열정 덕분에 훌륭한 웹진이 탄생하여 지역사회와 공유할 수 있었으며, 도전한 두 대회에서도 좋은 수상 성과가 있었다.

〈씨밀레 웹진〉

자원봉사대회에 참여

청소년 자원봉사 동아리 '씨밀레'는 최근 3년간 다양한 자원봉사대회에 참가하고 수상하며 대내외적으로 우수한 동아리로 인정받아왔다.

- 2020년 푸르덴셜사회공헌재단 주최 전국중고생자원봉사경진대회 전국 동상(동아리 부문)
- 2020년 고양시자원봉사센터 주최 고양시자원봉사이그나이트대회 고양교육지원청장상
- 2019년 경기도청소년 활동진흥센터 주최 경기도청소년자원봉사대회 경기도지사상(동아리 부문)
- 2018년 경기도자원봉사센터 주최 경기도청소년자원봉사대회 경기도지사상(동아리 부문)
- 2018년 경기도자원봉사센터 주최 경기도청소년자원봉사대회 한국청소년 활동진흥원장상(지도자 부문)

푸르덴셜사회공헌재단에서 주최하는 전국중고생자원봉사대회와 고양시자원봉사센터에서 주최하는 고양시자원봉사이그나이트대회의 공고를 접하게 되었고, 대표와 부대표 청소년의 자발적 의사로 각자 대회를 하나씩 맡아 참가할 것을 결정했다.

이로 인해 전국중고생자원봉사대회에서는 전국 동상과 함께 장학금 50만 원을, 고양시자원봉사이그나이트대회에서는 고양교육지원청장상을 수상하며 다시 한번 씨밀레를 전국과 고양시에 알릴 수 있었다.

2020 전국중고생자원봉사대회 - 씨밀레 대표 청소년(허동진)

2020 고양시자원봉사이그나이트대회 - 씨밀레 부대표 청소년(송영민)

이렇게 코로나 상황에서도 씨밀레 청소년들의 활동은 알차게 진행되었다. 활동 과정 중 가장 중요한 것은 청소년들 사이의 협업이다. 5월에 진행한 온라인 기후 변화 조사 활동에서 협업은 없어서는 안 되는 필수 요소로 작용했다. 씨밀레 동아리원 개개인이 조사·탐구한 내용을 모아 하나의 팀 결과물로 만들어 다른 팀과 공유해야 했기 때문이다. 나아가 팀별 결과물을 하나로 모아 웹진 〈씨밀레의 기후 변화 이야기〉를 제작하는 활동에서도 협업이 가장 중요한 역량이었다.

청소년들의 활동 소감

동진: 웹진에 아이들도 쉽게 할 수 있는 대응 행동이 있어서 좋다. 가족과 같이 가면 재미있게 놀 수 있는 장소도 추천하니 좋은 체험이 될 것 같다.

영민: 팀장으로서 책임을 느꼈으나, 정신 차리고 조원들과 일을 분담하자 원활하게 활동이 진행됐다. 협동의 중요성과 조장의 책임감에 대해 느낀 점이 많았다.

초윤: 여러 조사를 하면서 기후 변화에 대해 더 잘 알게 되었고, 앞으로 기후 변화를 해결하기 위해 어떤 일을 할지 생각해보는 시간이 더욱 늘어날 것 같다.

윤지: 평소에는 막연히 기후 변화를 막아야 한다는 생각밖에 없었지만, 이번 활동으로 구체적인 실천 방안을 알고 흥미가 더 생겼다.

민정: 기후 변화에 대해서 생각해보는 계기가 되었고 청소년도 쉽게 할 수 있는 대응 행동들이 있다는 것을 알게 되었다.

연서: 기후 변화의 심각성과 청소년도 할 수 있는 기후 변화에 대한 대응 방법을 알게 되었다.

민혁: 기후 변화의 심각성을 알게 되었다. 알아본 행동들을 실천할 수 있도록 노력하겠다.

예나: '내가 지금 환경오염을 막기 위해 할 수 있는 게 생각보다 다양하고 조금만 노력하면 할 수 있구나, 나도 노력해야지.' 하는 생각을 했다.

해림: 보고서를 작성하는 과정에서 어려움을 느끼기도 했지만, 웹진에 실리게 되어 기쁘고 뿌듯한 마음이 더 크다.

재언: 평소 영화를 좋아하는데, 기후 변화와 관련된 영화는 별로 보지 않았다는 것을 깨달았고 반성하는 계기가 되었다.

윤혜: 활동을 진행하면서 심각성을 느낄 수 있었고, 환경 문제를 해결하는 첫 단계는 조그마한 실천이구나 알 수 있었다.

중현: 기후 변화에 관해 조사하면서 내가 알던 지식이 얼마큼이었는지 깨닫게 되었다. 기후 변화의 심각성과 실천의 중요성을 깨달았다.

소현: 어떻게 해야 웹진을 보는 사람들에게 환경 보호 활동 참여를 이끌어내고 쉽게 설명할 수 있을지 고민해보는 시간이었다.

시은: 내가 자세히 몰랐던 기후 변화에 대해 다시 한번 생각해볼 수 있는 계기가 되었고, 생활에서 기후 변화를 막는 방법을 꼭 지켜야겠다고 다짐했다.

청소년

핵심역량

키워주는

4 장

창의력

창의력

"창의력(Creativity)이란 상상하고 새로운 것을 고안하며, 문제를 해결하는 획기적인 방법들을 찾고 질문에 답을 하거나 제안서를 통하여 의미를 표현하고 지식을 종합하거나 응용하는 능력이다."(세계경제포럼, 2015)

"창의력이란 혁신하고 발명하는 것처럼 기존의 것을 새로운 방식으로 접근하는 능력이다." (청소년 활동진흥원, 2019)

○ 현재에 만족하기보다 힘들어도 새로운 도전을 좋아한다.
○ 현실과 정반대되는 상황에 대한 생각을 한다.
○ 아무 생각 없이 기존의 것을 그대로 반복하는 것을 싫어한다.
○ 친구들에 비해 질문이 많은 편이다.
○ 그동안 경험하지 못한 일을 할 기회가 생기면 해보고 싶다.
○ 궁금한 것은 못 참는 성격이다.

1. 별을 보고, 별을 쓰고, 별을 그리다

별빛 그림책은 14~18세 청소년 20명이 모여 별을 테마로 하여 집단 작업을 거쳐 나만의 그림책을 출판하고 전시와 지역사회 내 기증까지 진행한 문화예술 프로그램이다. 2019년 고양시 탄현청소년문화의집과 성사청소년문화의집 지도자들이 모여 청소년 문화 활동을 활성화하는 프로그램에 대해 브레인스토밍을 하였다. 탄현청소년문화의집의 애칭은 '별'이다. 성사청소년문화의집의 '星沙(별 성, 모래 사)'는 한글로 별모래이다. 그래서 '별'을 테마로 집단창작 그림책을 만들면, 창의력도 높아지고 문화 감수성을 키우기 좋을 것 같다는 의견이 나왔다. 별 캠프, 동화책 제작 과정, 전시회 준비 그리고 도서관, 병원에 동화책 기부까지 4개월간 활동을 이어갔다.

별들의 만남

20명의 청소년은 4개 팀으로 나누어 팀 이름을 공신 팀, 팔레트 팀, 파파보초 팀, 미리내 팀으로 짓고 팀별 모임을 하고 팀원을 서로 소개하는 시간을 가졌다.

1박 2일로 가평 천문대로 캠프를 갔다. 자연 속에서 예술적 감수성이 높아지고 친구들과의 친밀감도 더 높아졌다.

팀별로 그림책 줄거리를 공동 구상했다. 공연과 별자리 관측을 한 것이 바로 별을 테마로 한 그림책 이야기 구상으로 연결될 수 있었다. 다음 날 아침에는, 식사한 후 전날 밤 논의한 이야기의 줄거리를 시작, 중간, 끝으로 해서 계획서(스토리보드)로 간단히 작성했다.

동화책의 완성 과정 – 별들의 이야기

캠프에서 돌아온 후 동화책을 만드는 모임을 본격적으로 시작했다.

첫째 날에는 한국교육전문가협회의 전문 강사 선생님의 조언을 참고하여 팀별로 하고자 하는 이야기의 소재와 주제, 주요 장면을 구체화하였다.

조원들과 페이지별로 내용은 어떻게 담을지를 의논하면서 스토리를 구성해보았다.

둘째 날에는 동화 이야기의 시작, 중간, 끝부분을 좀 더 구체화하여 이야기를 만들었다. 그리고 이야기에 맞는 배경 화면을 논의하였다. "어떻게 하면 내용에 맞게 그림으로 간결하게 표현할 수 있을까?" 하는 것이 고민되었다.

셋째 날에는 다양한 표현 기법 설명을 들었으며 채색을 시작했다. 팀원이 다 같이 배경 화면을 나누어 그렸다. 각자가 그리는 그림이 하나의 그림책으로 완성되기 위해서는 그림체의 통일성(캐릭터라든지), 겉표지 작업, 역할 분담 등 하나하나 세부적으로 협의가 필요했다. 그렇게 넷째 날, 표지 작업까지 마무리하며 작가 소개 및 작가의 말로 동화책을 완성했다.

　　하늘에 별 중에 이상하게 생긴 별이 있어 다른 별들이 따돌렸다. 그런데 그 따돌림 당한 별에게 다른 별들이 많이 다가오는 것을 보고 생김새의 다름을 인정하고 모두들 사이좋게 지내게 되었다. 모양이 달라도 우리 모두는 별이다.

– 공신 팀의『나는 나』

별과 달맞이꽃은 서로 친구였고, 달맞이꽃은 별빛을 받으며 꽃을 피웠다. 그런데 별이 많이 아파지는 바람에 빛이 희미해졌다. 달맞이꽃이 꽃잎을 따서 별에게 주었다. 별이 힘을 내어 빛이 다시 되돌아왔지만, 그때 달맞이꽃의 꽃잎은 모두 사라지고 별이 달맞이꽃을 찾자 달맞이꽃은 별이 되어 하늘로 올라왔다.

– 팔레트 팀의 『달맞이꽃이 별이 되던 날』

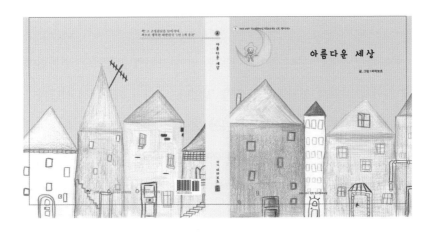

하늘의 별이 세상 사람들을 바라보다 달님에게 세상으로 가겠다고 한다. 달님은 비명 소리, 울음소리가 끊이지 않으니 가지 않는 것이 좋겠다고 했지만, 별은 세상으로 내려왔다. 별은 우는 아이를 달래주고 아픈 사람을 고쳐주었다. 그래서 사람들은 그 별을 보고 별똥별이라고 불렀다.

– 파파보초 팀의 『아름다운 세상』

곰나라 공주가 너무나 돌아다녀 왕이 탑에 가두었다. 공주는 별똥별에게 탑에서 나가게 해달라고 소원을 빌었다. 그러자 하늘에서 사다리가 내려와서 곰 공주는 하늘로 올라가게 되었다. 도중에 공주의 목걸이가 떨어졌는데 새들이 목걸이를 주워 하늘에 올렸다. 그래서 이 목걸이가 염소자리가 되었다.

— 미리내 팀의『별자리 이야기』

스토리는 나누고, 감동은 곱하고

다음으로 전시를 어떻게 할 것인지 논의하였다. 오디오북도 만들기로 했고, 병원과 어린이도서관을 그림책 기부처로 정하였다. 두 차례에 걸쳐 동화를 직접 읽어 오디오북을 완성했다. 탄현청소년문화의집 상가 1층, 토당청소년수련관, 성사청소년문화집을 순회하며 8월 18일부터 9월

9일까지 그림책 전시를 했다. 내가 만든 그림책에 대해 가족과 지인, 지역 주민들에게 직접 소개하는 도슨트 활동도 하였다. 또한, 명지병원과 주엽어린이도서관에 그림책을 기부하여 지역사회 구성원으로 나눔을 실천하며 활동이 마무리되었다.

별빛 동화책 프로젝트는 글쓰기와 그림 그리기를 통해 창의력을 높이는 데 일조했으며, 혼자만 하고 끝나는 것이 아니라 청소년들이 함께 모여 토론을 하고, 집단창작의 과정을 통해 완성한다는 점에서 매우 놀라운 경험이다. 언어, 상징, 문자를 서로 나누면서 사용하고, 이 과정 중에 또래와의 관계를 잘 맺고 협력하면서 창의력을 높일 수 있다.

집단창작의 과정에서 생각하지 않은 방향으로 이야기가 흘러갈 수 있다. '나는 이렇게 생각하는데, 저 친구는 저렇게 생각하네.' 하고 생각하면서 다양한 가치를 수용하여 나름대로 의미가 있는 창작으로 나아간다. 동화책을 완성하는 과정 중에 자신의 재능을 발견하고 향후 이것이 진로가 될 수도 있다.

청소년의 활동 소감

미나: 이 책을 읽는 사람들이 남에게 배려하고 도움을 주는 사람들이 되었으면 좋겠다. 내가 그림에 재능이 있다는 것을 깨달은 시간

이었다.

시찬: 처음에는 그림에 좋지 않은 기억이 있었는데 이 과정을 통해서
재미를 느낄 수 있었다.

다은: 읽어보기만 했던 그림책을 내가 직접 써보니 어렵기도 했지만,
꽹장히 재미있었다. 그리고 내가 좀 글 쓰는 데 소질이 있다는
생각이 들었다.

주미: 책을 만든다고 해도 별로 흥미도 없었는데 직접 이야기를 지어
내고 그림을 그리니까 재미있고 한 장씩 완성할 때마다 뿌듯했
다.

성찬: '나는 이렇게 생각하지만 다른 친구는 이렇게 생각할 수도 있구
나.'라는 생각의 차이와 많은 것을 배우는 시간이었다.

아람: 별을 좋아하고 무언가를 만드는 것도 좋아하는데 새로운 언니와
친구들과 그림책을 만들어서 좋은 추억을 만든 것 같다.

민지: 이 그림책을 통해 모든 사람은 틀린 것이 아니라 다르다는 것을
알았으면 좋겠다.

여리: 책을 써보니까 내 적성에 아주 잘 맞는다고 느꼈다.

2. 내 손으로 만드는 정책들

"청소년은 사회의 정당한 구성원으로서 본인과 관련된 의사 결정에 참여할 권리를 가진다(청소년기본법 제5조의2 제1항(청소년자치권))."

'제안창작소'는 청소년과 소통하고 청소년의 제안을 고양시 정책에 반영하기 위해 고양시와 고양시청소년재단이 함께 추진하고 있다.

청소년 참여기구인 청소년참여위원회, 청소년의회 등에 참여하지 않은 청소년들 가운데 고양시 청소년(14~19세)이면 누구나 참여할 수 있다. 청소년참여위원회, 청소년의회는 청소년들 스스로 회의 주제를 정하고 회의를 통해 결정을 내리는 기구이며, 그에 반해 제안창작소는 의제를 발굴하고 시 정책으로 반영할 수 있는지 전문가 의견 수렴, 시 담당 부서의 검토 등을 거쳐 정책에 반영하고 피드백하는, 그야말로 청소년의 제안을 창작해가고 숙성해가는 과정이라는 점이 다르다.

제안창작소 진행 과정

제안창작소는 신청, 접수를 통해 추첨으로 참여 팀을 결정하기로 한다. 의제 발굴 워크숍을 진행하고 제안된 주제는 시의 담당 부서에서 검토를 거친다. 발굴된 의제를 정책으로 체계화하면 다음부터는 전문가의 피드백을 거쳐 의제에 대해 '국민생각함'에 올려 공개 투표를 진행한다. 투표에는 누구나 참여할 수 있다. 제안된 정책은 다시 담당 부서에서 실현 가능성을 검토하고 전체 공유회를 열게 된다. 정책으로 반영된 것은 안내하게 된다. 모집부터 환류까지 총 8단계에 거쳐 진행된다.

1단계, 청소년 모집 및 구성

청소년들의 참여 기회를 확대하고자 하는 제안창작소의 취지에 맞춰 우리는 파격적인 결정을 했다. 고양시의 청소년들이면 누구나 심사 과정 없이 참여의 기회를 제공하기 위해서 무작위 추첨으로 진행하기로 했다.

팀 단위(2~4인)로 접수를 진행했으며 2020년에는 중, 고등학생(14~19세)으로 참여의 폭을 넓혔다. 신청한 30팀 가운데 8팀을 선발하기로 했는데 너무나 많은 팀이 지원해서 6팀을 추가로 선발하여 총 14팀의 참가팀을 선발하였다.

2단계, 시작이 반이다! 1차 워크숍

2020 제안창작소 1차 워크숍이 열렸다. 지도자들과 청소년들 모두 마

스크로 무장하고 철저한 방역과 손 소독을 하며 제안창작소 14팀(42명)의 청소년들이 고양시정연수원에 모였다.

1차 워크숍은 숨 가쁘게 진행되었다. 먼저 오리엔테이션을 통해 제안창작소 활동의 취지와 작년 활동에 대해 알아보았다. 그리고 올해는 어떻게 활동하는지 대략적인 소개를 했다. 초롱초롱한 청소년들의 모습을 보고 있던 지도자의 마음도 '심쿵'했다.

'제안창작소, 용기 있게 시작했는데 어떻게 하지?'라고 고민하는 청소년들을 위해 준비한 참여형 교육 워크숍을 통해 '청소년들의 참여 활동이 왜 중요한가?', 그래서 '우리가 어떤 활동을 해야 하는가?'에 대한 물음이

이날 워크숍에서 어느 정도 해소되었다.

이날은 청소년과 시장의 만남도 있었다. 청소년들의 제안을 시의 정책으로 반영하겠다는 의지의 표현이다. 청소년들은 고양시민으로서 시장님께 건의하기도 하고, 수준 높은 질의와 의견으로 시장님과 함께 온 시청 공무원들을 놀라게 하였다.

3~4단계, 다양한 아이디어로 가득했던 1차 정책 제안서

제안창작소 참가 청소년들이 본격적인 활동으로 1차 정책 의제를 발굴했다. 각 팀에게 1개 이상의 정책 아이디어 수준의 의제를 냈는데, 발굴 단계임을 고려하여 주제 및 요약 수준으로 제안되었다. 1차 정책 의제 내용은 고양시 시민 제안 담당 주무관과 청소년 지도자가 팀별로 만나 피드백을 했다.

1차 피드백 이후 각 팀에서는 청소년들의 아이디어를 담은 본격적인 제안서 작성을 시작했다. 제안서 작성은 비대면으로 활동을 대체하여 팀별로 카카오톡, ZOOM 등 다양한 방법을 통해 온라인으로 소통하였다.

정책들을 제안하는데 그 정책이 이미 우리 시에서 시행되고 있는 정책이거나, 너무 현실성이 떨어져서 정책으로 실현되지 못하는 경우가 많았다. 제안한 정책이 현재 어떤 상황인지 정확하게 청소년들에게 전달하는 것이 청소년 참여 활동을 내실화하는 데 가장 중요한 점이다.

4~5단계, ZOOM으로 만난 2차 워크숍

2차 워크숍은 전문가의 피드백 시간이었다. 비대면(ZOOM)으로 진행되었다. 강사는 공무원의 피드백을 반영한 제안서를 사전에 검토하고 워크숍에 참여하였다. 강사들은 전국의 다양한 지역 주민들의 정책 제안 컨설팅을 진행해주고 있어 정책 제안을 해본 경험을 갖추고 있었다.

5단계, 정책 제안에 대한 공감도 투표

'나의 소중한 아이디어, 다른 사람들은 어떻게 생각할까?'라는 물음에서 시작된 공감도 투표가 '2020.10.9.(금)~10.31.(토)' 기간에 걸쳐 국민권익위원회가 운영하는 국민 정책참여 플랫폼인 '국민생각함'에서 진행되었는데 무려 1,000건의 투표가 이루어졌다. 전년도(2019년 87명) 대비 913명(1,149%)이 증가하며 청소년들의 정책 제안에 대해 많은 사람이 관심을 표명했다.

'국민생각함' 공감도 투표는 청소년들의 제안에 대한 공감도를 확인하고 청소년들의 활동이 중요한 것이라는 것을 인식할 수 있는 계기가 되었다.

6단계, 최종 부서 검토

제안창작소 팀들은 최종 정책 제안서를 제출하였고, 이 제안서는 최종 실무 부서 검토와 우수 팀 선정을 위한 심사로 이어졌다. 청소년들의 제안에 대한 직접적인 피드백이 있었는데 몇 가지를 공유하고자 한다.

▶ 제안팀 : 아리아리, 제안명 : 청소년 거리 조성

검토 내용 : "제안창작소 학생들의 제안을 보고 백마 학원가 현장에 바로 나가보았습니다."(일산동구 안전건설과), "바닥 신호등은 아직은 시행 초기라 안전성을 확보한 후 확대 설치를 검토할 예정입니다."(철도교통과)

▶ 제안팀 : 우리는 글로벌리더, 제안명 : 남자 화장실 칸막이 설치

검토 내용 : "성 인지적 관점에서 남성 권익에 대해 생각해볼 수 있는 아이디어였습니다."(실무 부서 검토 의견 중), "자동문 앞 칸막이 시설의 부재로 이용객 및 통행객이 불편함을 느낀다면 2021년 예산을 활용하여 시정 조치를 하겠습니다." (덕양구 환경녹지과)

▶ 제안팀 : 건강하자, 제안명 : 어린아이의 목소리를 활용한 QR코드 금연벨

검토 내용 : "어른들의 경각심을 일깨우기 위한 어린아이 음성 서비스 지원은 향후 적극적으로 반영할 예정입니다." (덕양보건소 보건행정과)

7단계, 온라인으로 만나는 공유회

온라인 카페를 개설하여 제안창작소 참가 팀과 고양시 주민들이 열정 가득했던 '2020 제안창작소' 활동을 공유하였다. 제안창작소 13개 팀(중도 한 팀 포기)은 정책 제안서와 발표 영상을 직접 촬영하였다. 함께 만나지 못하는 아쉬움도 있었지만, 온라인 공유회는 활동이 기록되고 다른 청소년 및 지역 주민들과 함께 나눌 수 있다는 장점도 있다.

8단계, 환류 및 제안 심사

2021년 3월에 예정이 되어 있는 고양시제안실무심사에서 2020년 제안창작소 참가 팀의 정책 2건이 심사에 올랐다. 또한, 2021년 반영되는 정책들은 블로그를 통해 제안창작소 참가 청소년들과 공유할 예정이다.

제안창작소 카페

: http://cafe.naver.com/goyangyouth0924

〈카페 바로가기〉

코로나19로 인해 계획된 활동들도 많이 변경되고 팀 활동임에도 불구하고 비대면 활동으로 운영하다 보니 소통의 어려움이 있었지만 2020 제안창작소 참가 청소년들의 만족도가 95%로 매우 높게 나타났다.

제안창작소를 통해 느낀 점은 창의력이란 거창한 것이 아니더라도 기존의 시각과 관점을 조금 바꾸는 데서 작은 변화를 일으킨다는 것이다. 또한, 창의성이란 제안한 정책에 어떤 제약 사항이 있는지 고려하고 이를 해결하기 위한 아이디어에서 시작한다는 점을 느낄 수 있었다.

청소년들의 활동 소감

다현: 우리 청소년들이 고양시를 위해 무엇을 하고 있는지 명확하게 알게 되었고 이로 인해 더 나은 고양시를 우리가 직접 만들어갈 수 있다는 사실에 뿌듯함을 느끼며 더욱 열심히 준비하는 계기가 되었다. 우리가 낸 정책으로 사람들의 인식을 변화시킬 수 있다는 것을 느꼈을 때 뿌듯했다.

유영: 정책이 실현되기 위해서 어떤 일을 해야 하는지 생각도 해볼 수 있었고, 빼야 할 부분이나 중요하게 여겨야 할 부분들을 명확하게 구분할 수 있게 되었다.

3. 청소년의 고민은 누가 들어주지?

청소년 조언 자판기는 고양시 청소년재단의 제3회 청소년 정책제안대회에서 '누르면 나옵니다. 선배들의 조언 자판기'라는 제목으로 제안된 정책을 현실화시킨 것이다. 당시 대학교 1학년이던 청소년은 평소 인생 선배들의 조언을 가끔 들으면 삶에 큰 도움이 되었다고 한다. 이를 다른 청소년도 느끼면 좋겠다고 생각하다가 자판기에서 조언이 나오면 어떨까 하는 생각을 하게 되었고, 이 생각을 정책 제안으로 만들게 되었다.

누르면 나옵니다. '선배들의 조언 자판기'

"선배의 조언을 듣는다는 것은 분명 큰 도움이 되고 동시에 위로가 되곤 한다. 하지만 주변에 질문에 답해줄 사람이 없다면 아쉬운 상황이 발생한다. 그렇기에 이러한 조언, 이야기들을 음료수 뽑아먹듯이 손쉽게 구할 방법을 고안했고 이 프로젝트를 제안하게 되었다.

우리가 매일매일을 보내며 생각하는 수많은 고민과 사연, 이야기에 대해서 그 분야의 길을 미리 걸어본 선배들은 어떤 조언을 할까? 작다면 작고, 크다면 큰 자판기라는 장치를 통해 여러분이 듣고 싶은 이야기를 들려드리고자 하는 것이 이번 프로젝트의 제안 배경이다.

'선배들의 조언 자판기'는 말 그대로 기존의 음료수 자판기처럼 자신이 원하는 조언의 버튼을 눌러 얻는 방식이다. '이야기 자판기', '문학 자판기' 등은 전산 시스템을 통해 자동 프린트되어 출력되는 방식이지만, '조언 자판기'는 음료수 대신에 캡슐을 두고 그 안에 글이 써진 종이를 넣어 최대한 실현 가능하고 간편하게 만들려 한다.

또한, 모든 글, 조언의 금액은 500원 정도로 정해두어 생긴 수익금은 기부나 다른 청소년 정책 지원금으로 사용하는 방안을 생각했다. 앞서 말한 여러 가지 조언, 위로의 말은 다양한 직업, 역할, 구성원분들의 자발적 동참을 통해 작성된 내용을 출력해 캡슐 안에 담아냄으로써 진행하려 한다. 설치 장소는 유동인구가 많은 광장이나 횡단보도 옆쪽에 둔다면 충분히 호기심과 눈길을 끌 수 있을 것이라 예상한다. 추가적으로는 자판기의 디자인이나 방식 등을 통해서도 많은 관심을 이끌 수 있을 것이다."

- 청소년의 제안 중

청소년의 창의적 제안은 실현됩니다

'누르면 나옵니다. 선배들의 조언 자판기' 정책 제안을 현실화하기 위하여 제안 청소년에게 연락하여 정책 실현에 자문해줄 수 있는지 의사를 물어보았다. 이에 제안 청소년이 흔쾌히 수락하여 만났다. 기획 의도를 듣고 이에 따른 실행 계획을 만들어나갔다. 준비하는 전 과정에 제안 청소년이 함께했다.

서울시에 '마음약방'이라고 자판기가 운영되고 있어 벤치마킹했다. 서울시가 일반 시민을 대상으로 했다면 이것은 청소년에게만 맞춰진 것이라 하겠다. 먼저 청소년 조언 자판기 별칭을 공모하여 '마음선물'이라고 결정하고 이에 맞는 디자인과 내용물 구성을 진행하게 되었다.

조언 자판기에 들어가는 내용 – 167개의 고민에 대한 답변

청소년 조언 자판기는 청소년의 고민을 위로하는 자판기이기 때문에 청소년 고민에 대하여 고양시 청소년 대상으로 설문을 진행하였다. 102명의 청소년이 참여하여 167개의 고민을 이야기했다. 지도자는 이를 총 9가지의 고민으로 정리 후, 재미있는 명칭을 붙여 청소년들이 흥미와 재미를 느끼게 하는 것이 좋겠다고 판단했다. 이를 반영하여 "공부 잘할 케어 세트, 미로 인생 키트 세트" 등의 명칭으로 정하였다.

공부잘할케어 세트
공부를 잘하는 방법이
궁금한 청소년에게

대학진로종합 세트
대학을 꼭 가야 하는지
고민인 청소년에게

너매력케어 세트
자신의 외모가 걱정인
청소년에게

미래불안해독 세트
자신이 결정한 미래가 맞는지
불안한 청소년에게

감잡이선물 세트
자존감이 낮아서 어떻게 하면 좋을지
고민인 청소년에게

관-계란 세트
자존감이 낮아
고민인 청소년에게

Job생각 세트
미래 직업이
궁금한 청소년에게

T_ISSUE 세트
요즘 사회문제가
불안한 청소년에게

미로인생키트 세트
지금 무엇을 할지
모르는 청소년에게

    그리고 9가지 고민을 지역 주민에게 공개하여 이에 맞는 조언들을 받았다. 9가지 고민 당 3가지의 조언으로 총 27가지의 조언이 나오게 되었다. 이와 함께 비타민(비타민 충전), 사탕(당 충전), 지도(기분 전환 여행 계획용), 거울(나의 마음을 성찰) 등 각 고민에 맞는 물품 등을 구성했다.

    명칭도 중요하지만, 자판기와 상자, 조언 카드 디자인도 매우 중요하다. 사업 내용에 맞으면서 청소년들이 좋아할 디자인으로 선정하였다. 자판기와 조언 카드, 상자 디자인을 각 해당 업체(자판기 업체, 간판 제작 업체)에 보낸 후 시안 확인 후 드디어 청소년 조언 자판기 '마음선물'이 완성되었다. 완성해나가는 도중 '사회적기업봉사회'에서 '마음선물' 제작에 대한 후원을 받게 되었다.

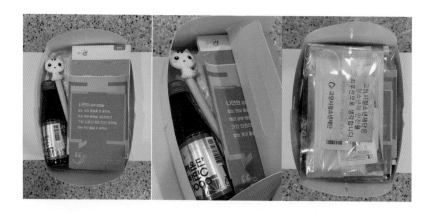

청소년의 거리를 지키는 '마음선물'

자판기는 청소년들이 많이 오가는 3호선 화정역 광장, 화정청소년자유공간 입구에 설치하게 되었다. 3월에 시작하여 6월 3일에 드디어 '마음선물' 오픈식을 하게 되었다. 코로나19로 인하여 제안한 청소년, 청소년 참여위원회 위원장, 재단 관계자, 사회적기업봉사회 관계자 등 소규모 인원으로 화정청소년자유공간에서 진행하였다.

청소년 조언 자판기 '마음선물' 보도 자료만 냈을 뿐인데 KTV 방송에서 인터뷰 요청이 있었고, 여러 단체에서 후원 제안도 들어왔다. 6개월 동안 청소년들이 1,890개의 '마음선물'을 이용했다.

청소년들의 활동 소감

현영: '완벽한 외모보다 더 소중한 것이 매력'이라는 문구를 보니까 마음에 큰 위로가 되었고 정말 고마운 자판기인 것 같다.

기병(정책 제안 청소년): 청소년 시기는 고민과 걱정으로 가득한 시기인 것 같다. 그러한 이유로 편리성과 접근성을 갖춘 자판기라는 매개체를 통해 조언을 쉽게 구할 수 있는 창구를 만들고 싶었다.

4. 청소년들이 그리는 양성평등 사회

우리 사회 곳곳에서는 성차별과 성 고정관념이 남아 있다. 정부의 '청소년 정책 기본계획(제6차)'에는 '청소년 시민역량 강화' 영역의 세부 실행 과제로 '양성평등 의식 제고'가 있다. 양성평등에 대한 남아 있는 성차별과 성 고정관념이 당연한 것으로 받아들여지는 것을 방지하기 위해, 성별과 관계없이 여자와 남자 모두 인간으로서의 공통성과 존엄성을 가진다는 점을 알리기 위해 오늘을 살아가는 청소년들이 모여 오늘을 살아가는 많은 이들에게 작은 용기를 전하는 것, 그것이 이 활동의 목적이자 시작이다.

'왕자의 도움이 없이도 씩씩하게 문제를 해결하고 도전하는 용감한 공주'
'슬플 때 목 놓아 울며 슬퍼하는 용기를 가진, 섬세하고 꼼꼼한 왕자'

당연하지만 당연하지 않았던 이야기를 전하고자 프로젝트명은 '오늘을 살아가는 너에게'로 정하였고, 양성평등에 관하여 평소 관심이 있거나, 책을 제작하는 것을 희망하는 청소년들을 공개 모집하였다. 지도자와의 간단한 면담을 통하여 중고등학생 12명으로 프로젝트 팀을 구성하였다.

우리 사회에서 여성, 남성으로 살아간다는 것은

양성평등에 대하여 생각하는 깊이는 모인 청소년들 각자가 달랐다. 평소 양성평등에 관해 생각하고 있었던 부분, 양성평등을 들었을 때 떠오르는 부분 등을 마인드맵을 통하여 자유롭게 고민해본 후 팀을 구성하여 각자가 생각하는 양성평등에 대하여 공유하는 시간을 가졌다.

이름	내가 생각하는 양성평등이란?
서진	양성평등은 모두가 함께 고민하고 노력해야 한다.
경원	모두가 같은 사람일 수는 없는 것처럼 누구 하나를 기준 삼아 다른 사람을 맞추려 하는 것이 아닌, 개개인의 다름을 인정하고 존중해주는 것이다.
지원	내가 생각하는 양성평등은 서로의 차이를 인정하는 것이다.
세연	양성평등은 말뜻 그대로 모든 성이 평등하고 차별받지 않는 것이라고 생각한다.
민아	양성평등은 서로가 완벽하지 않음을 받아들이는 것이다.
소윤	양성평등은 자유롭고 당연한 것이다.
연우	내가 생각하는 양성평등은 그 사람 그대로를 인정해주는 것이다.
예빈	양성평등은 각각의 '다름'을 인정하는 것이다.
민경	우주에서 지구를 볼 때 특이하다고 느끼는 것처럼 모든 사람은 특이하고 특별하다.
민형	양성평등은 고정관념을 깨는 도전이다.
한	당연하지만 사회 속에서는 당연하지 않은 것이다.
민서	남자와 여자가 서로 존중하며 안전하고 행복하게 살아가기 위해 꼭 필요한 것이다.

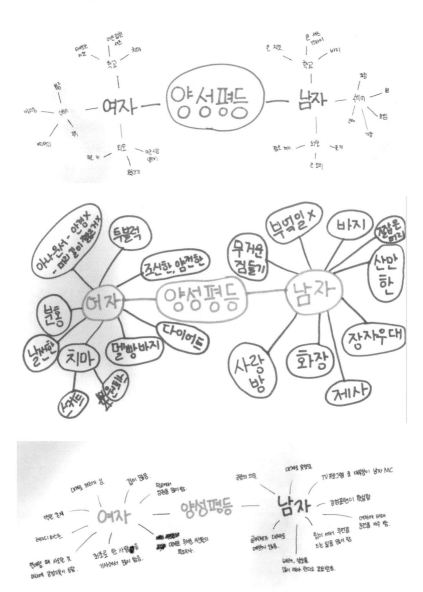

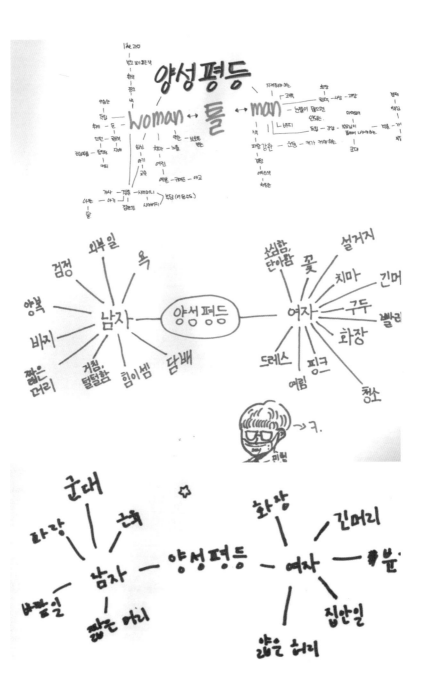

양성평등 전문 교육을 통한 깊이 있는 고민

뻔하고 형식적인 전문 교육은 거절한다! 2회기에 걸쳐 양성평등 전문 교육이 진행되었다.

다양한 참고자료를 활용하여 일상생활 속 성별 불평등 사례를 구체적으로 살펴보고, 사람들이 쉽게 접하는 전래 동화, 애니메이션, 영화 등 미디어 속에 자연스럽게 노출되고 있는 성차별을 찾아보며 미디어 매체 속 '성 역할' 고정관념에 대하여 탐색하는 시간을 가졌다.

사회의 기준에 맞춰진 여자와 남자의 모습이 잘못되었다는 문제의식을 느끼고 '나다움'에 대하여 고민하고 살아갈 방안에 대하여 생각해보는 시간을 가졌다.

오늘을 살아가는 너에게

본격적으로 책을 만들기 전 스토리보드를 구성하는 과정에서 다양한 그림과 이미지를 통하여 메시지를 전달하는 동화책뿐만 아니라 솔직한 글을 통하여 메시지를 전달하고 싶다는 청소년들의 적극적인 의견을 반영하여 동화책 팀 7명과 소설 팀 5명, 두 팀으로 나누어 팀 프로젝트 활동을 진행하게 되었다.

양성평등 동화책 팀 프로젝트 활동

양성평등 소설 팀 프로젝트 활동

처음에는 팀원 모두 각자 시나리오를 쓴 다음 모여 하나의 시나리오로 완성했다. 동화책 팀이 책을 제작하는 과정에서 가장 신중하게 고민했던 부분은 '등장인물 묘사'였다.

청소년들은 편견의 틀을 깨고자 머리가 짧고 통통한 여자아이, 노란색 옷을 입고 있는 키가 작은 남자아이 등 다양한 관점으로 등장인물을 묘사하였다. 사소한 것에도 성 고정관념이 발생하지 않도록 신중하게 고려하며 여러 차례 피드백과 점검을 통하여 성 평등 사고에 발판이 될 수 있는 동화책을 제작할 수 있도록 노력하였다.

소설 팀 청소년들은 단편 소설 네 편을 완성했는데 시나리오에는 공통점이 있다. 각자가 일상생활 속 마주했던 성차별의 경험들과 이러한 문제점들이 개선되어 청소년들이 바라는 사회의 모습을 풀어냈다는 점이다. 덩치가 큰 남자 승무원, 꼼꼼한 성격을 가진 남자 간호사, 정의로운 여자 소방관, 우는 아이에게도 선물을 주는 산타 할머니를 꿈꾸는 것이 당연시되는 날을 기대하며 수십 번 원고를 쓰고 지우기를 반복하였다.

그렇게 팀별로 대면, 비대면으로 4회의 공동 작업을 하여 평등 동화책 40권과 소설 50권을 발행했다. 제목은 공통으로 '오늘을 살아가는 너에게'로 하였다.

양성평등 동화책 활동 결과물

양성평등 소설 활동 결과물

양성평등 동화책, 소설을 통하여 전달하고자 하는 메시지

모든 사람에게 정해진 정답은 없다. 오랫동안 사람들의 머릿속에 각인이 되어 있는 공식이 정답이 아님을 전하고자 모인 우리들의 이야기 역시 정답은 아니다.

그저 다양한 색깔을 가진 우리가 모여 오늘을 살아가는 당신을 응원하고 싶을 뿐이다. 모두가 그렇기에, 당신도 그래야 할 필요는 없다.

"당신의 색깔이 무엇이든, 찬란하게 빛나는 당신을 응원합니다."

– 청소년 양성평등 프로젝트 동화책 팀

오늘을 살아가는 우리가, 오늘을 살아가고 있는 당신에게 들려주고 싶은 이야기는 바로 이런 것이다.

세상에는 한 가지 모습만 있는 것은 아니라는 사실을,
우리 모두에겐 무한한 가능성이 열려 있단 사실을,
당신의 마음이 가는 방향으로 살아도 괜찮다는 사실을.

– 청소년 양성평등 프로젝트 소설 팀

양성평등 의식을 확산하다

활동 결과물을 고양시 도서관 10곳과 방과 후 아카데미 청소년 대상 25명에게 기증 및 전달하였다. 또한, SNS 및 동화책 사이트 등 온라인에 활동 결과물을 업로드함으로써 다수의 인원과 대상에게 양성평등 메시지를 전달하며 양성평등 의식을 지역사회에 확산시키는 데 큰 역할을 하였다.

이 활동의 과정에는 청소년들의 창의적인 아이디어가 쏟아졌다. 브레인스토밍과 마인드맵을 활용하며 시나리오를 구성하였고 등장인물의 성격, 둘러싼 배경, 사건 등을 직접 창작해내며 양성평등 책 '오늘을 살아가는 너에게'라는 유의미한 결과를 도출해냈다. 양성평등 주제에 대한 고정관념에서 벗어나 다각적으로 생각해보는 시간을 통하여 이 사업에 참여한 청소년들의 창의력이 향상되었다고 평가할 수 있다.

청소년들의 활동 소감

세연: 프로젝트를 진행하면서 전보다 더 많은 관심이 생겼다. 같은 나이의 친구들과 서로의 생각을 공유하며 알아가는 과정에서 바라보는 관점이 같지 않다는 것을 알았다.

경원: 평소에는 그렇게까지 생각해보지 않았던 주제였지만 이 활동을 통해서 깊게 생각해볼 수 있었고, 우리 주변에 많은 차별이 있었

다는 것을 알 수 있었다.

민아: 성이라는 틀이 일상생활에서도 존재한다는 것을 느끼게 되었고 그런 것을 개선하기 위해 이런 활동도 하는 나 자신이 자랑스럽고 뿌듯해졌다.

서진: 완성된 그림책을 보니 정말 뿌듯했고 이 책을 아이들이 읽고 양성평등에 대해서 올바른 가치관을 가지면 좋겠다고 생각하게 되었다.

예빈: 몰랐지만 내가 그동안 차별받아왔던 것들과 내가 생각해보지 못한 남자가 받는 차별에 관해서도 생각해보게 되었다. 성차별 개선에 동참하는 것 같아 뿌듯했다.

지원: 우리 일상에 성차별이 너무 아무렇지 않게 존재하고 있어서 양성평등은 꼭 필요하다고 생각했다. 올바른 행동이 무엇인지 한번 더 생각하는 기회가 되었다.

연우: 우리 실생활에 알게 모르게 많은 성차별이 숨겨져 있었다. 양성평등에 대한 메시지를 만들 때 이 내용이 혹시나 문제를 일으키지는 않을까 고민하면서 만들 수 있었다.

민경: 새로운 평등의 세계를 보는 것 같았다. 나는 최소한 평등의 사회에서 사는 것 같았는데 아니었다. 우리는 계속 평등의 세계로 쉴 틈 없이 나아가야 한다.

민서: 활동을 진행할수록 평소에 깊게 생각하지 못하였던 부분이나 전

에 알지 못하였던 부분을 수업을 통해 알 수 있었고 앞으로 살면서 양성평등에 대해 많은 생각을 하게 될 것 같다.

청소년

핵심역량

키워주는

5 장

사회정서

사회정서

"사회정서(Social Emotion) 역량이란 자신과 타인의 감정을 정확하게 인식하고 자신의 불편한 감정을 조절하고, 타인과의 갈등을 긍정적으로 해결하며 좋은 관계를 맺어나가는 능력이다."(청소년정책연구원).

"사회정서학습(social and emotional leaning, SEL)에서는 자신과 타인의 감정을 인식하고 관리하는 것을 배우는 과정을 통하여 현명한 결정을 내리고 윤리적이고 긍정적으로 행동하고 적극적인 관계로 발달시키고 부정적 행동을 피하는 것으로 정의하고 있다. 자기인식, 사회적 인식, 자기관리, 관계관리, 책임 있는 의사 결정 역량이 포함된다."(Elias, 2009)

O 즐겁거나 화나는 상황이 무엇인지 정확히 이해하고, 화를 내거나 짜증을 부리지 않아도 내 기분을 잘 표현할 수 있다.

O 내가 좋아하는 활동이나 과제에 대하여 선생님과 친구들에게 이야기할 수 있다.

O 나의 목표를 이루는 데 무엇을 해야 하는지 설명할 수 있다.

O 친구들의 기분을 잘 이해하고 친하게 지내는 법을 알고 있다.

O 친구마다 능력과 성격에 차이가 있다는 것을 알고 존중한다.

O 다른 아이들과 팀을 이루어 효과적으로 과제 활동을 잘하는 방법을 알고 있다.

O 나보다 잘 못하는 친구와 함께 팀을 이루어 과제 활동을 잘한다.

O 친구들이 왜 말다툼을 하는지를 잘 이해하고, 해결하도록 도와줄 수 있다.

O 가족, 선배, 어른 및 우리 사회와 관계 맺기를 잘할 수 있다.

O 어려운 이웃을 이해하고 도와줄 수 있으며, 사회 규범을 잘 따를 수 있다.

1. 선배시민과 후배시민

능곡고등학교 동아리 'Let's Play'가 있다. 'Let's Play'는 'Present your Passion'이라는 목표로 나에게 있는 재능이나 능력, 열정을 나누자는 데서 시작되었다. 이 청소년들이 일산서구수련관에 제출한 활동 신청서를 보면, 사회적 취약 계층을 위한 복지 정책을 알아보고 주요 복지 기관과 사회적 기업을 방문하여 복지 정책의 문제점을 찾고 지역사회 봉사 네트워크 활성화를 통한 해결 방법을 찾아 제안하는 활동을 계획했다. 청소년들이 활동을 통해 얻고 싶은 것들은 다음과 같았다.

- 취약 계층에 대한 이해가 부족한 청소년들에게 올바른 인식을 심어 주고 싶다.
- 의미 있는 프로젝트 기반 학습과 프로젝트 참여를 통해 동아리 구성원 모두가 '체인저 메이커'로서 역량을 갖추고 국가와 사회에 공헌하는 올바른 청소년으로 성장해가고 싶다.

– 고양시 복지 정책의 문제점을 해결하여 취약 계층의 불만족스러운
복지 제도를 개선할 수있는 적극적인 제안을 통해 만족스러운 복지
제도로 개선하고 싶다.
– 복지 단체 및 사회적 기업 탐방을 통한 지역사회 복지 현장에 대해
확실히 이해하고 싶다.
– 복지 정책의 문제점을 찾고 정책 지원이라는 직접적인 참여를 통해
고양시민이자 학생으로서 취약 계층을 돕고 싶다.

우리 생각하는 '사회적 취약 계층'이란?

청소년들은 지도자와 함께 우선 프로젝트 주제에 대해 '프로젝트 설계
카드'를 이용하여 구체화하는 시간을 가졌다.

"우리는 어떠한 목적을 가지고 있는가?"
"이 활동을 통해서 무엇을 얻고 싶은가?"
"내가 관심 있는 분야는?"

취약 계층에 대한 복지 정책을 한번 다뤄보고 싶은 욕구를 서로 파악
했다. 다만 청소년들이 생각하는 '취약 계층'을 위한 복지 정책이 무엇인
지에 대해서는 구체화되어 있지 않아서 함께 구체화 작업을 하는 시간이
필요하다는 생각에 모두 동의했다.

그래서 주제를 구체화하는 토론에 들어갔다. 먼저 '사회적 취약 계층' 이란 단어의 뜻을 구체화했다. '우리가 생각하는 사회적 취약 계층은?' → '노인' → '왜 노인을 사회적 취약 계층이라고 생각하는가?' → '연세가 많으시니까', '힘이 없으니까', '몸이 건강하지 않으니까' → '그럼 노인은 모두 취약 계층일까?' → '잘 모르겠다' → 그러면 '노인' 하면 떠오르는 단어를 긍정과 부정으로 정리해보자.

긍정 단어	부정 단어
연륜 따뜻함 지혜 경험 사랑 정 인심 친근 존경 어르신 인생 이해심 상냥하다. 교훈을 줄 수 있다. 경험이 풍부하다.	꼰대X3 시끄럽다 늙은이 틀니 딱딱 할망구 질병 주름 흰머리 세대 차이 노인네 꽃무늬 바지 규칙 무시 무단횡단 막말 고집 이기적이다. 등산 가방 나이 어린 사람 무시한다. 하고 싶은 대로 한다. 가끔은 피해를 준다. 오지랖이 넓다.

청소년들이 긍정적인 단어와 부정적인 단어로 '노인'에 대한 생각을 정리하고 이야기를 나누다 보니, 모든 '노인'을 '취약 계층'으로 바라보고 있다는 점에 대해 문제의식을 느끼게 됐다.

이러한 과정을 거쳐 청소년들은 '노인'에 대한 선입견을 긍정적인 인식으로 바꾸는 것이 어떠한 복지 정책을 제시하는 것보다 더 중요하다는 결론을 내었고, 이를 통해 처음 계획에서 좁혀서 활동의 방향을 구체화해나갔다.

전문가와의 만남

프로젝트를 구체화하고 더 많은 정보를 얻기 위해 먼저 전문가의 '세대 공감을 위한 선배시민 이해'에 대한 교육을 들었다. 이 교육을 통해서 청소년들은 '노인'을 나타내는 다른 단어인 '선배시민'을 알게 됐다. '선배시민(노인)'이란 '후배시민(청소년)'과 함께 공동체를 염려하고 더 당당하고 풍요로운 공동체를 위해 참여하고 실천하는 존재이다. '노인'을 누군가에게 도움을 받는 '취약 계층'으로만 보아서는 안 되고, 청소년들처럼 주체적으로 그리고 능동적으로 살아갈 수 있는 존재임을 이해하게 됐다.

'취약 계층 → 노인 → 선배시민'으로 주제를 다시 한 번 정리한 뒤, 3개 팀으로 나누어 학교 안에 '노인'에 대한 긍정적인 인식을 퍼뜨릴 수 있는 활동에 대해 논의했다.

A팀은 '선배시민' 배지를 만들어 판매하자는 생각을 냈고, B팀은 학교 축제에서 부스를 설치하여 노인 인식 개선 활동을 제안했다. C팀은 '선배시민'과 함께 하고 싶은 활동을 의견으로 냈다. 여러 아이디어 중에서 3개 팀의 의견 가운데 현실적으로 할 수 있는 것에 집중하여 정리했다.

구체적인 활동 정하기

무엇을?	'선배시민'을 알리는 캠페인
누구에게?	우리 학교 학생을 대상으로
어떻게?	– '노인'이라면 어떤 단어가 떠오르는지 인식 조사 – '선배시민'이란 단어를 알려주고 관점의 변화를 불러일으킬 수 있는 정보를 게임을 통해 공유하자. – '선배시민'을 상징하는 '굿즈(상품)'를 제작해서 판매한 후 그 수익금으로 '선배시민' 활동에 기부하자.
언제, 어디서?	학교 축제 '청월제'에서

이후 팀원들이 역할을 나누어서 캠페인 사전 준비를 했다. 한 번도 캠페인 활동에 대한 경험이 없는 팀원이 많았기에 인식 조사 판넬을 제작하고, 아이디어를 모아 인식 개선을 위한 퀴즈를 준비하는 것 등 그 과정 자체가 그들에게는 좋은 경험이 됐다.

준비한 활동을 공유하는 '청월제' 당일!

청소년들이 열심히 준비한 자료들로 캠페인 활동 공간이 될 교실을 채웠다. 계획한 대로 캠페인은 잘 진행이 되었다.

'노인' 하면 생각나는 단어에 스티커를 붙인 후, '왜 그렇게' 생각하는지 의견을 들어보고, 준비한 다양한 게임으로 긍정적인 정보도 전달했다.

'선배시민' 단어와 뜻을 알려주고, 함께 캠페인에 동참하기 바라며 직접 만든 굿즈도 함께 공유했다.

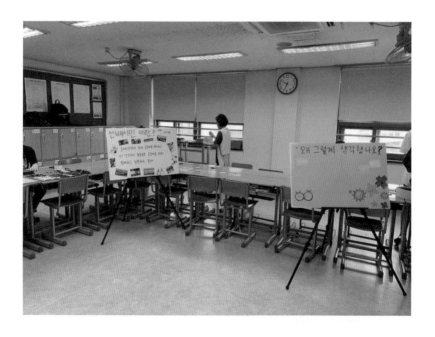

사회정서 역량의 성장

청소년들은 학교 친구들과 선배들에게, '선배시민'이라는 단어를 알려 주며, 짧은 시간이었지만 다른 학생들이 '이 단어를 처음 새롭게 알게 되었다'고 했을 때 굉장한 보람을 느꼈다.

사회정서는 청소년 개인과 친구 관계를 넘어서 우리 사회에 대한 긍정적 인식으로 넓혀진다. 무엇보다 활동 과정에서 노인이 약하고 취약한 존재라는 생각에서 벗어나 함께 살아가는 동반자인 '선배시민'으로 대하자는 대안을 제시했고, 시민의식 역량이 성장했다.

청소년들의 활동 소감

의찬: 이 프로젝트를 하면서 조원들과 소통하는 법, 그리고 이끌어나가는 법, 참여를 북돋는 방법 등 여러 방면으로 많은 성장을 이

루어냈다.

해령: 더 많은 사람에게 '선배시민'을 알리고 싶다. 함께 의견을 내고 모으면서 '협동심'도 기르고 '경청하는 태도'도 갖게 되어 많이 성장했다.

미혜: 처음에 모였을 때는 서로 의견 충돌도 있고 싸운 일도 있었다. 하지만 조금씩 맞춰가면서 '최소한 이것만은 하자!'라는 목표에 맞춰 좋은 결과를 냈다고 생각한다.

용호: 내가 어떻게 다른 사람들을 도울 수 있을지 막막했지만, 지금은 대단한 것이 아니라도 내가 할 수 있는 최선을 다해야겠다고 생각한다.

한별: 나의 의견을 제시하면서 우리가 직접 만들어가고, 몇 달간 계속 이어나간다는 것만으로도 엄청 대견하고 뿌듯한 마음이 많이 들었다.

윤서: '노인'은 '약자'가 아닌, '선배시민'이라는 주제를 가지고 좋은 결과를 만들 수 있어서 좋았다. 이번 프로젝트를 통해서 나의 의견을 표현하는 것을 잘하게 되는 계기가 되었다.

2. 불법 촬영이 없는 세상을 위해

혹시 집이 아닌 다른 곳에서 화장실을 이용할 때마다 걱정되는가?

계단을 오를 때 뒷사람의 핸드폰이 신경 쓰이는가?

지하철 맞은편에 앉아 있는 사람의 핸드폰이 나를 향해 있지 않나 걱정한 적이 있는가?

불법 촬영, 디지털 성폭력은 우리 사회에 만연해 있다. 이 프로그램은 담당 지도자의 생각에서부터 시작됐다. 지도자는 '평범한 일상'을 걱정해야 하는 사회 이슈를 청소년들과 함께 다뤘으면 좋겠다는 생각을 했다. 그리고 이 프로그램의 취지에 공감하고 함께 할 청소년을 공개 모집했다.

불법 촬영은 워낙 많은 사람이 알고 있는 사회적 이슈로, 사람들 대다수는 불법 촬영 근절을 원하고 있어, 프로그램의 취지를 공감하는 청소년들을 구성하는 데는 별다른 어려움이 없었다.

OT(오리엔테이션)부터 시작이다

첫 만남에서는 참여에 대한 교육을 먼저 받는 것으로 했다. 원활한 토론과 향후 활동을 더 원활히 진행하기 위해 2개의 팀으로 나눴다. 2개 팀은 공통의 과업(불법 촬영 근절)을 수행하지만 각자 특색이 있다. A팀은 홍보와 홍보물 제작 위주 활동과 B팀은 부스 운영을 메인으로 맡아서 운영하게 된다.

오리엔테이션이 끝나고 청소년들에게 과제를 내줬다. 과제는 '현재 불법 촬영 현황(사례)과 내가 생각하는 불법 촬영 범죄란 어떤 것인가?'라는 주제를 사전에 조사해오는 것이었다.

2회차 모임에서는 팀별로 준비해온 사전 과제를 바탕으로 불법 촬영의 심각성과 현황에 관한 사례들을 공유했고 왜 지원했고 어떤 것에 분노하는지 등에 대해 생각을 나눴고 서로에게 공감과 지지를 보냈다.

그리고 공유한 결과물을 전체 청소년들과도 나누기 위해 결과물을 정리하여 팀별로 발표하는 시간을 가졌다.

다양한 연령대의 서로 알지 못했던 청소년들이 활동하기 위해서는 전체가 함께 지켜야 하는 규칙이 필요하다. 청소년들 스스로 논의하여 최종적으로 활동 중 사용하지 않아야 되는 언어, 지각 및 인정 가능한 불참 기준 등의 규칙을 확정했다.

그리고 활동 일정을 청소년들이 수정 보완하는데, 공지된 일정 중에 확정된 내용은 부스 운영과 일산 동부경찰서 연계 범죄 교육으로 총 2가지였고, 나머지 일정은 청소년들이 탐지 및 캠페인을 하고 싶은 장소를 정리해서 세부 내용을 채웠다.

계획을 세울 때 시민들을 대상으로 불법 촬영에 대한 인식을 개선하는 것을 큰 목적으로 삼았다.

우리(청소년)가 사는 공간의 안전성을 우리가 확인(탐지)해보고, 시민들에게도 우리가 확인(탐지)한 공간들을 알려주면서 불법 촬영은 언제든 일어날 수 있고, 우리가 관심을 갖고 해결해야 할 사회 문제라는 것을 인식시켜주기로 했다.

그래서 최종적으로 자칫 장난으로 여기는, 보통 '몰카'라고 부르는 것들이 범죄이자 '불법 촬영'이라는 인식을 심어주고, 누구나 일상생활 속에서 불법 촬영과 연관될 수 있으며, 우리가 신고하고 불법임을 인지할 때 더 큰 범죄를 막을 수 있다는 것을 알려주기로 했다.

불법 촬영 탐지 및 근절 캠페인

불법 촬영 탐지는 5월 12일 일산 동부경찰서 여성청소년계 경사에게 탐지 방법과 범죄의 심각성을 배운 다음에 진행됐다. 청소년 수련 시설을 제외한 탐지 및 근절 활동의 장소는 청소년들이 선정했다.

청소년들은 모든 사람의 일상이 안전하기를 바랐기 때문에, 많은 사람이 이용하는 곳을 위주로 선정했다. 마두청소년수련관, 토당청소년수련관, 고양문화재단, 성사청소년문화의집, 벨라시타, 탄현청소년문화의집과 고양종합버스터미널, 지하철 역사, 상가 등이다.

사람들이 화장실에서 불안을 느끼는 점(구멍)들을 확인하고 개선할 수 있도록 해당 시설에 건의하는 탐지 이후 과정이 더 중요했다. 경찰서와는 교육뿐만 아니라 탐지 활동을 하고 현황을 보고하는 등 유기적 관계를 맺게 되었다.

서울대학교 창업 동아리의 도움

일산 동부경찰서에서는 이 활동을 지원할 수 있도록 서울대학교 창업 동아리 '불편한 사람들'을 연계해주었다. '불편한 사람들'은 불법 촬영 탐지기를 적은 돈으로 구매할 수 있도록 탐지기를 자체적으로 만들고 판매하는 동아리로 우리는 탐지기 5대를 기부 받았다.

시민 대상 캠페인 전개

그리고 공원에서 시민 대상 인식 개선 활동에 들어갔다. 불법 촬영을 직접 탐지하는 활동과 함께 일반 시민들을 대상으로 불법 촬영 범죄의 심각성을 홍보하기 위해 청소년들은 부스 운영에 대해 회의를 진행했다.

어떤 활동을 하는 게 의미 전달에 더 효과적일지, 기획 의도와 더 맞는지 등을 논의하면서 부스 내용과 활동에 따른 역할 분담을 했다.

부스 운영은 어떻게 기획했나요?

청소년	내용
수빈	같이 활동하는 여러 멤버와 함께 '어떻게 해야지 더 효과적으로 활동을 알릴 수 있을까?'라는 주제로 다양한 의견을 나누다가 부스를 하는 의견이 가장 호응이 좋았다. 그래서 부스 운영을 기획했다.
다인	부스 운영은 멤버들끼리 상의해서 만들었다. 첫 만남은 그냥 어떻게 할지와 같은 큰 틀을 잡았고 두 번째 만남에서 구체적으로 어떻게 진행할지, 퀴즈를 낼 거면 어떤 문제를 낼 것인지 정하는 회의를 했다.
태랑	회의를 통해서 정했으며, 불법 촬영에 대한 심각성을 사람들에게 알려주고 싶어서 기획했다.

부스 운영은 어떤 내용으로 진행됐나요?

청소년	내용
수빈	참여하는 사람들의 이름과 간단한 확인(성별, 나이)을 방명록에 작성한 뒤, 불법 촬영과 관련된 퀴즈를 내서 맞추면 룰렛을 돌릴 기회를 줬다. 룰렛에는 탐지카드, 근절 스티커 등 다양한 선물이 있다. 퀴즈에 대표적인 질문으로는 몰카의 정식 명칭과 불법 촬영 법 관련 OX 퀴즈와 넌센스 등이 있다.
다인	앞으로는 불법 촬영을 하지 않겠다는 내용이 담긴 불법 촬영 근절 서약서를 받았다.
태랑	불법 촬영 탐지했던 활동을 알렸다.

불법 촬영 근절을 위해 3월부터 10월까지 한 활동을 기반으로 청소년들이 직접 6가지 정책을 만들어서 일산 동부경찰서와 고양시의회에 제안했다.

청소년들의 활동이 종료된 10월 이후 코레일에서 연락이 왔다. 청소년들의 역사 내 화장실 불법 촬영 탐지 활동에 대해 들었고 더 많은 고양시 관내 역에서 불법 촬영 탐지 활동을 하자는 것이었다. 활동은 종료되었지만, 함께 할 청소년이 있는지 청소년과 보호자에게 연락했고, 그 결과 일정이 안 되는 4명의 청소년을 제외하고 모든 청소년이 함께 활동하길 희망했다. 이후 13명의 청소년은 팀을 나눠 경의 중앙선 풍산역, 곡산역, 백마역에서 전파 탐지기와 렌즈 탐지기 등 몰래카메라 탐지 장비를 이용해 화장실, 수유실 등 총 9개소의 시설을 점검했다.

불법 촬영은 심각한 범죄라는 행동의 결과를 인지한 청소년들은 결국 몰카 탐지 및 불법 촬영 금지 캠페인이라는 행동을 선택했으며 철도역사 등 고양시 전역에 화장실의 안전성을 확인하자라는 목표를 설정했고 8개월 간 10곳을 탐지했다.

활동을 통해 시민의식이 형성된 청소년들은 동시에, 활동 방법을 논의하고 지하철과 철도 공공화장실 불법촬영을 확인하는 공동 행동 과정에서 팀원들의 다양한 가치를 수용하고 소속감도 느낄 수 있었다.

청소년들의 활동 소감

수현: 단지 조심하라는 교육뿐만이 아니라 불법 촬영을 직접 탐지해보는 기회였다. 사회 문제를 해결하는 것은 어렵지 않다는 걸 알 수 있었다.

민서: 사회 문제에 관심은 있어도 '내가 어떤 도움이 될까?', '과연 이 일을 해결하는 데 도움이 될까?' 하면서 늘 망설이고 고민하던 내가 '나도 사회 문제를 해결할 수 있어!' 하고 생각할 수 있었다.

수빈: 불법 촬영한 사진을 저장 혹은 2차 공유를 하는 사람들은 절대 하지 않았으면 좋겠다. 불법 촬영으로 인해 고통받는 사람들은 자신의 잘못이 아니라는 것을 알고 힘들어하지 않았으면 좋겠다.

종하: 단순히 재밌겠다, 진로에도 도움이 되겠다는 마음으로 활동을 시작했었는데 활동을 해가면서 사안의 심각성이 피부로 와닿아서인지 막중한 책임감이 느껴졌던 활동 같다.

정영: 뉴스에서나 보던 불법 촬영에 대해 직접 발로 뛰며 알아보고 탐지하면서 많은 공공시설이 불법 촬영에 노출되어 있는 걸 알 수 있었고 직접 탐지를 해볼 수 있었다.

준영: 사회 문제에 대해 직접 참여하며 의견을 내고 해결하는 과정을 통해 성취감을 느낄 수 있었다. 청소년이 사회 문제에 관심을 가지고 해결하기 위해 노력할 수 있게 하면 좋겠다.

혜림: 불법 촬영이라는 사회 문제에 청소년들이 직접 발 벗고 나서서 탐지하고 정책을 제안하며 활동을 진행하였고 그 과정에서 불법 촬영의 심각성을 배우고, 생각하며 또 알리는 경험이 되었다.

여주: 불법 촬영 탐지를 하면서 불법 촬영의 심각성을 제3자의 시각에서 보는 것보다 더 알게 되었다. 또한, 불법 촬영 탐지를 하면서 안전한 세상을 만들 수 있다는 걸 깨닫게 되었다. 우리 모두 안전한 세상을 만드는 데 동참했으면 좋겠다.

3. 어려운 세계의 이웃에게 손길을

'포용적 세계시민'은 글로벌 시대의 청소년들이 세계시민으로서 세계 청소년 빈곤 문제에 대한 공동체적 인식과 문제 해결 능력 및 협업 능력의 성장을 도모하고, 지역사회의 인식 또한 개선하기 위해 진행되었다.

큰 주제인 세계 청소년 빈곤 문제는 일산서구청소년수련관의 지도자들이 모여 설정했지만, 팀 프로젝트 활동의 세부 주제와 활동에 대해서는 청소년들이 구성해가는 것으로 했다.

팀명은 팀원들의 이름 첫 글자를 딴 '최강김', 세계 여러 나라의 좋은 이웃이 되어주겠다는 의미의 '굿이웃', 그리고 평화의 소식이 되겠다는 의미의 '비둘기'로 정해졌다. 각 팀의 친구들은 서로 평소에 관심 있었던 세계 빈곤 문제에 대해 다양한 이야기를 나누었다. 각 팀은 그 가운데 한 가지를 정해서 문제를 탐구하고 그 해결 방안을 찾아보는 1차 프로젝트 주제를 정했다.

'최강김' 팀은 수단 내전으로 인한 빈곤 문제에 대해 알아보기로 했고, '굿이웃' 팀은 미얀마의 로힝야족 난민 문제를 주제로 정했다. 마지막으로 '비둘기' 팀은 인도의 신분제로 인한 빈곤 문제에 대해 다루기로 했다. 모두 첫 만남이었지만 진지한 모습으로 열심히 활동에 참여했다.

빈곤 벗어나기 – 우리 가족 행복하자

가상의 개발도상국의 빈곤한 생활환경을 구성하여 팀별 모의 가족의 삶을 경험하기로 했다. 먼저 개발도상국 청소년들의 노동 영상을 시청했다. 그 후 가상의 빈곤한 가정환경을 구성하여 굶주림, 청소년 노동과 학습 유지의 어려움 등을 간접 경험하였다.

가족 구성원은 각자 노동(포스트 게임)을 하여 돈을 벌고, 번 돈으로 식량(간식)을 살 수 있었다. 노동 활동에 대한 급여로 직접 식량과 생활 도구를 구매하는 소비 활동을 해봄으로써, 가정의 경제 활동과 소비 선택 및 결정의 중요성을 이해할 수 있었다. 또한, 퀴즈를 통해 빈곤 문제의 근본적인 해결 방안을 고민할 수 있었다.

가정에서 번 돈으로 금액별로 난이도와 점수가 구분된 퀴즈를 사서 풀고 그 점수를 합산하여 가장 높은 가정이 우승하도록 구성하였다. 가족이 함께 돈을 벌고 간식도 사 먹고 공부도 하며, 가상이지만 가족으로 함께 지내며 서로 정말 가까워지는 시간이었다.

노동 임금 규정

공부(프로젝트 관련 퀴즈)

노동 임금 규정

공부(프로젝트 관련 퀴즈)

현장과의 대면 – 빈곤 현장 활동가와의 만남

국제 구호 활동을 전개하는 NGO 단체인 '월드비전'의 활동가에게 세계 빈곤 문제의 실상과 NGO의 활동, 세계시민으로서 청소년이 해야 할 일 등 세계 빈곤 퇴치에 관한 이야기를 들어보는 시간을 가졌다. 또 국제 사회가 지속해서 발전하기 위해서 세계시민 한 명 한 명이 모두 관심을 보여주고 같이 대응해야 하는 점을 SDGs(지속가능발전목표)와 함께 설명을 들었다.

빈곤 문제 조사 결과 발표

다음으로는 각 조에서 정한 국가의 빈곤 문제에 대해 개인별로 조사했던 내용을 조원들과 나누고 정리해보는 시간을 가졌다. 각 조에서 조사한 빈곤 국가들은 저마다 아픈 역사와 여러 가지 빈곤의 원인이 되는 이유가 있었다. 각 팀의 활발한 논의를 정리하여 해당 국가의 빈곤 현황과 각 조에서 생각하는 빈곤 해결 방안을 제안하는 1차 프로젝트 결과물을 제작해보았다.

'최강김' 팀은 수단의 내전에 의한 빈곤을 주제로 발표를 했다. 해결책으로 교육을 통해 가난의 대물림을 해결할 수 있으므로 수단에 교육을 받을 수 있는 환경을 제공해야 한다고 제시했다.

'굿이웃' 팀은 미얀마의 로힝야족에 대한 빈곤 문제를 발표했다. 민족적 갈등과 빈곤 문제의 해결책으로 과거사에 대한 서로의 사과와 용서를 첫 번째로 이야기하였다. 갈등을 매듭지을 수 있도록 정치, 교육, 경제 등에서 상호의 협력이 있어야 함을 이야기하였다.

'비둘기' 팀은 마인드맵 기법을 활용하여 팀 토론을 하였고 이를 인도의 카스트제도와 빈곤 문제에 관해 이야기를 나누었다. '비둘기' 팀이 생각하는 해결 방안은 일자리와 주거, 의료 서비스를 제공하면서 신분 제도의 심각한 고정관념을 깨며 자존감을 찾도록 하는 교육 과정이 필요하고, 불결하고 오염된 물을 마시는 아이들을 위해 정화 시설을 정비해야 한다는 것이다.

지역사회 공유회

'빈곤에 관한 조사 내용과 NGO 활동가를 통해 마주했던 세계의 빈곤 문제에 대해 지역사회와 어떻게 공유할까?' 청소년들이 고민을 많이 했다. 스스로 조사하고 정리하는 것으로 끝이 아니라 다른 사람들과 공유를 하려니 모두 걱정이 많아졌다. 바로 앞으로 다가온 기말고사도 시기가 겹쳐 큰 부담이었다.

'굿이웃' 팀에 공유회 참여가 어려운 청소년 두 명이 있어서 '굿이웃' 팀의 남은 세 친구와 '비둘기' 팀이 함께하기로 했다. 공유회는 '최강김' 팀과 '비둘기' 팀으로 진행하게 되었다. 발표 방식으로 UCC 제작, 기사 작성, 연극, 프레젠테이션 등의 의견들이 나왔는데 가장 내용을 충실히 준비할 방법은 프레젠테이션 발표라고 의견이 모였다.

'최강김' 팀은 세계의 빈곤 현황과 아동의 노동 착취 등의 문제에 관해서 이야기하고 팀에서 생각하는 문제 해결 방안 등을 발표하기로 하였다. '비둘기' 팀은 한국전쟁 이후의 우리나라의 빈곤과 국제 원조의 사례를 들어 우리가 세계의 빈곤 문제에 관심을 가져야 하는 이유와 세계시민으로서의 포용적 사고의 중요성을 소개하기로 하였다.

드디어 청소년들의 프리젠테이션이 이어졌다. 첫 번째는 '비둘기' 팀이 한국전쟁 기간 중 UN군의 참전과 전쟁 지원, 그리고 전후의 한국의 빈곤과 세계의 지원에 관해 이야기했다.

"(전략) 우리는 정말 세계 빈곤 문제에서 벗어나 자유로울 수 있을까요? 우리의 어려움을 모두가 외면했다면 과연 우리는 현재의 우리의 모습일 수 있을까요? 이제는 우리가 도와야 할 때입니다. 세계의 빈곤은 누군가가 너무 많이 가지고, 너무 많이 쓰고 있기에 누군가는 가난하고, 배고픈 것입니다. 이제 우리가 그들의 손을 잡아주어야 하지 않을까요?"

'최강김' 친구들은 세계 빈곤 문제의 현황과 아동 노동 문제에 관해 이야기하고, 교육을 중점으로 해결 방안을 제시하였다.

"(전략) 세계는 빈곤 국가와 개발도상국을 지원할 때 무엇보다 기초 교육이 지속이 될 수 있게 하는 것에 힘을 써야 합니다. 문해와 지속가능 발전에 대한 연구들에 따르면 '학교에서 배우는 기간이 1년 늘어날 때마다 향후 수입이 최고 10%씩 증가될 것'이라고 하였으며, '저소득국가에서 모든 학생이 학교에 남아 기본적인 문해 능력을 키운다면, 앞으로 1억 7,100만 명의 사람들이 빈곤에서 벗어나게 될 것'이라고도 하였습니다. 저희는 아동과 청소년이 교육의 권리를 보장받을 수 있게 하는 것이 세계의 빈곤 문제에 가장 핵심적인 해결 방안이라고 생각하였습니다."

공유회 진행

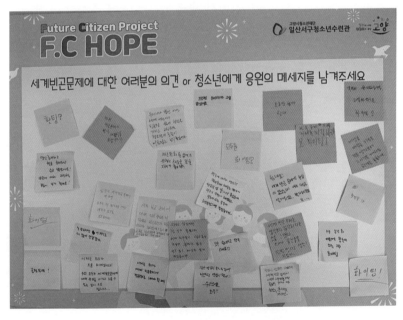

청소년 및 지역 주민의 공유회 참여

또한, 프로젝트 과정 중에 쓰기, 말하기, PPT 제작하기, 정보를 검색하는 능력과 적극적 경청, 친구에 대한 신뢰, 공공에 대한 신뢰, 소속감, 만족감, 문제를 인식하는 능력, 다양한 종교와 가치관에 대한 수용 등 서로 다른 생각을 이해하며, 팀별로 목표를 세우고 탐구하며 실행하고 평가하는 사회적 정서 능력이 향상된다.

청소년들의 활동 소감

채현 : 빈곤에 대해 단어만 아는 것이 아니라 무엇 때문에 빈곤에 시달리고, 그것을 어떻게 해결해야 할지 생각해보는 시간이 되었다.

소희 : 이 프로그램에 참여하면서 세계 빈곤 문제에 관심이 더 생기게 되어 너무 감사하다. 우리는 세계 빈곤 마을에 단순한 도움만 주면 안 되고 근본적인 방법을 알려주어야 된다는 점을 알게 되었다.

가윤 : 월드비전의 활동가분께서 전 세계 아이들의 빈곤 현황에 대해 쉽게 잘 설명해주셨고, 빈곤 문제를 해결하기 위해 우리가 실천할 방법들을 배울 수 있어서 좋았다.

4. 청소년의 정당한 노동인권을 보여주다

용돈을 벌기 위해 혹은 사회를 체험하기 위해 아르바이트를 하는 청소년들이 있다. 헌법에서는 "연소자의 근로는 특별한 보호를 받는다(제32조 제5항)."라고 말하고 있다. 청소년기는 긍정적인 직업관과 가치관이 형성돼야 할 시기이고 직접적인 체험이 향후 진로를 정하는 데 큰 영향을 준다. 하지만 청소년이라는 이유로 일하는 과정에서 근로계약서를 작성하지 않고, 최저시급 이하를 받거나, 폭력, 성희롱, 성추행 등의 불이익을 당하는 경우가 발생하고 있다고 한다.

'우리들의 작고도 큰 행동'이라는 슬로건을 가지고 시작된 '성사청소년문화의집' 청소년 미디어 동아리 '액션'은 2018년 청소년 문화를 비롯한 청소년 친화적 홍보 콘텐츠 기획 및 제작하는 활동을 위해 구성된 청소년 자치 동아리다. 청소년 미디어 동아리 액션의 청소년들은 친구들이 아르바이트하면서 노동권리를 잘 모르고 있다는 생각을 했다. 그래서 청소년의 노동권리에 대한 실태를 알아보고, 청소년들에게 올바른 노동권리를 알릴 수 있는 영상 콘텐츠를 제작하기로 하고 2019년 경기도 청소년 활동 지원사업의 지원을 받아 청소년 노동권리 홍보 프로젝트 'Youth The View'를 진행하게 됐다.

우리 동네 청소년 근로 이야기

7월 6일 토요일 첫 번째 모임에서는 오리엔테이션을 통해 주제 선정, 활동 방향성을 설정했다. 이번 활동의 목표로는 청소년 노동권리에 대한 긍정적인 인식 확대와 함께 올바른 정보 전달을 하는 것을 정했다.

두 번째 모임에서는 고양청소년인권연합회 방재현 활동가를 강사로 하여 고양시를 중심으로 청소년 아르바이트 현황과 실태를 알 수 있는 사례 위주의 교육을 진행했다. 앞으로 제작하게 될 영상에 어떤 내용을 담을지 고민해보는 시간과 더불어 청소년 노동권리 홍보 프로젝트 활동에 큰 동기부여가 됐다.

프로젝트 빌드업

세 번째 모임부터 전체적으로 활동의 목표와 틀을 잡는 시간을 가졌다. 먼저 제작하는 영상을 통해 지역사회에 청소년 노동권리에 대한 현황을 알리고, 정확한 정보를 전달하여 청소년 노동권리에 대한 인식 개선에 앞장설 수 있는 역할을 할 수 있도록 목표를 설정했다. 이후 기획 총괄 팀, 자료 조사 팀, 촬영 팀, 편집 팀을 나누어 구성하였고, 자신이 원하는 팀에 들어가 역할 분담을 했다.

영상 장르는 다큐멘터리와 웹 드라마 등의 다양한 의견이 나온 가운데 객관적인 측면에서 정보를 알리는 것이 좋겠다고 의견을 모아 뉴스 형식으로 영상을 제작하기로 했다. 또한, 제작한 영상을 디자인한 카드 USB에 담아 청소년 관계 기관에 전달하고 더불어 청소년들이 이용하는 온라인 플랫폼(YouTube, Facebook 등)을 활용하여 영상 홍보를 진행하기로 했다.

7월 20일과 27일 이틀간 자료 조사 팀에서 준비해온 청소년 아르바이트 현황과 꼭 알아야 할 사항 등 교육받은 내용을 중심으로 영상에서 전달하고자 하는 내용을 정리하였고, 기획 총괄 팀에서 조사한 내용을 바탕으로 대본과 콘티 작성에 많은 시간을 투자하였다.

마지막으로 영상에 출연할 아나운서와 연기자의 촬영 역할 분담을 통해 프로젝트 기획 마무리를 지을 수 있었다. 뉴스 형식으로 제작되므로 정확한 내용을 전달하는 것이 중요하고, 촬영 구성과 대본에 따른 정확한 영상 길이를 기획하고 가는 것에 모두 공감했다.

행동하다: Action

8월 3일 토요일 5회차부터 8월 17일, 8월 24일까지 3회에 걸쳐 영상 촬영을 했다. 영상의 전문성을 위해 영상 제작 활동 시 촬영 전문가 두 분의 자문을 받아 촬영 구도 및 내용적인 측면에 부담감을 최소화하였으며, 일정과 내용에 대한 갈등이 발생하였을 때 단장의 주도로 지속적인 대화를 통해 갈등 상황을 해결해 효율적인 활동 운영에 이바지했다.

8월 31일 토요일 8회차부터 고양영상미디어센터와 연계를 통해 액션 회원 중 2명이 편집을 맡아 편집실을 대관하여 촬영된 영상 편집을 몇 차례 진행했다. 2명의 청소년이 영상 분량을 나눠서 편집하다 보니 촬영본을 활용하는 데 이견이 있었다. 본래 기획 의도에 가장 부합한 방향으로 편집하기 위해 기획 팀과 편집 팀이 주기적인 소통을 통해 조정할 수 있었다. 청소년들은 모든 활동이 개인 행동이 아닌 팀원들 간의 지속적인 소통을 통해 이루어지는 것을 깨달았다고 했다.

11월 2일부터 지역사회 내 청소년 관계 기관과 청소년들이 접할 수 있도록 제작된 홍보 영상 배포를 위해 오프라인으로 직접 카드형 USB의 디자인을 기획한 후 업체를 선정하여 제작하였고, USB에 완성된 영상을 담아 청소년 관계 기관을 직접 찾아다니며 프로젝트에 대한 소개와 더불어 영상을 안내하고 전달하는 시간을 가졌다. 또한, 성사청소년문화의집 공식 Youtube 채널인 '성사꿀TV'에 영상을 업로드하여 청소년과 더불어 지역사회 내 영상에 대한 파급력을 높였다.

마무리: Ending

11월 16일 평가 회의를 가지며 활동에 대해 되돌아보고 영상 제작물에 대해 피드백을 하는 시간을 가졌다. 영상을 통해 청소년 노동 현황과 청소년이 가지고 있는 권리에 대해 생각해보는 기회가 됐다.

청소년들이 영상 제작을 통하여 청소년의 노동권리 인식을 개선하는 프로젝트를 진행하였다.

액션 동아리 회원들이 공동으로 토론하고 연기하고 제작하여 콘텐츠를 만들어내는 과정에서 자신의 의견을 표현하고 친구들의 의견을 수렴하여 이견을 좁혀나가면서 관계 맺기를 잘하였고 공동으로 성과를 내는 활동을 하는 가운데 사회정서 역량이 향상되었다.

청소년의 활동 소감

은: 현재 우리나라의 청소년들이 청소년 노동권리에 대한 인식이 매우 낮고 법적으로 보호받지 못하는 경우가 비일비재하다는 사실을 알게 되었다.

민호: 활동하는 과정 중에서 청소년 노동에 대해 좀 더 많이 알게 되었다.

세진: 영상을 기획하고 촬영하여 제작하는 과정을 직접 경험할 수 있어서 좋았다.

규석: 청소년 노동권리에 대해 다시 생각해보고, 직접 만든 영상이 도움이 되었으면 좋겠다.

청소년

핵심역량

키워주는

진로 개발

진로 개발

"진로 개발 능력이란 평생에 걸쳐 빠르게 변화하는 직업 환경에 유연하게 적응하고, 개인의 흥미와 적성을 바탕으로 다른 사람과 차별화되는 독특성을 개발하여 자기 주도적 및 창의적으로 자신의 진로를 개척, 설계, 실행하는 데 필요한 능력이다."(청소년정책연구원)

"진로 개발 역량(career development competency)이란 개인이 진로 개발을 하는데 필요한 역량으로서 삶의 지향점을 설정하고, 진로를 선택하고, 그러한 선택이 실제로 구현될 수 있도록 준비하고 노력하는 과정에서 필요한 지식, 기술, 태도, 가치와 성향이다. 진로 설계, 여가 활용, 개척 정신이 포함된다."(진성희 외, 2015)

– 진로 설계: 자신을 성찰함으로써 자신의 미래 비전에 따른 흥미와 적성에 부합하는 진로를 지속해서 탐색하고 설계할 수 있는 능력
– 여가 활용: 진정한 의미의 여가를 즐기고 여가 경험을 통해 최적의 이익을 얻을 수 있는 능력
– 개척 정신: 예측 불가능한 환경 속에서 위기를 기회로 인식하여 새로운 가능성으로 인지하며, 이를 관리, 조직, 개발시키려는 태도와 능력

○ 삶의 의미와 목적에 대해 생각한다.
○ 행복한 삶을 실현하는 방법에 대해 생각한다.
○ 행복한 삶을 실현하는 데 있어서 진로와 직업이 갖는 의미에 대해 생각한다.
○ 나의 특성과 관심 있는 직업의 특성을 비교하여 진로 선택을 할 수 있다.
○ 진로 목표 달성을 위한 진로 계획을 세울 수 있다.
○ 진로 목표 달성을 위해 나에게 맞는 학습 방법을 선택하여 스스로 공부한다.
○ 진로 목표 달성을 위해 직접 체험을 할 수 있다.

1. 청소년의, 청소년에 의한 레스토랑을 열다

일산서구청소년수련관에 일산고등학교 요리 동아리 청소년들이 방문을 했다.

청소년 : 우리는 고등학교 요리과인데 우리의 요리를 다른 사람이 먹어보게 할 기회가 없어요. 우리의 실력을 알고 싶어요.

수련관에 온 청소년들에게 질문을 던졌다.

지도자 : 여러분은 요리만 하고 싶은 건가요? 아니면 요리를 해서 다른 사람들의 평을 받고 싶은 것인가요? 레스토랑을 운영하고 싶은 건가요?
청소년 : 레스토랑을 운영하고 싶어요.

이렇게 청소년들이 직접 운영하는 레스토랑은 시작되었다.

청소년이 직접 만드는 레스토랑을 운영하기에는 처음 온 청소년만으로는 인원이 적다고 판단되어, 처음 온 청소년들과 회의하여 레스토랑 창업을 하고 싶은 청소년을 공개 모집하였다. 총 26명의 청소년을 모집하여 오리엔테이션을 하였는데 끝까지 활동한 청소년은 20명이다. 모집된 청소년들과 이야기를 나누면서 어떻게 진행할 것인지 회의를 했으며, 1일 레스토랑을 연간 3번에 걸쳐 운영하기로 했다.

판매 주요 대상과 지역 조사

레스토랑을 시작하기 전에 청소년들과 논의를 하였다. 과연 '우리는 어떤 레스토랑을 만들 것인가?'라는 질문으로 시작하였다.

일단 장소는 일산서구청소년수련관으로 할 것이며 주 고객층은 후곡 학원가의 청소년으로 정했다. 그래서 후곡 학원가를 이용하는 청소년들과 주변 식당 조사를 하였다.

여기서 지도자는 청소년들에게 상황을 객관적으로 바라볼 수 있도록 지원하고 사업 운영 전 시장 조사를 자연스럽게 유도하였다.

조사 후 나온 결과는 청소년들은 식사에 많은 시간을 투자할 수 없어서 간단한 음식과 저렴한 가격의 식사를 한다는 것이었다. 그리고 레스토랑을 운영하는 청소년들이 원하는 요리를 물어보니 스테이크 등의 양식이었다.

그래서 우리는 저렴한 가격으로 주위에서 먹어보지 못하는 요리를 하는 레스토랑으로 만들어보자며 레스토랑 이름을 '세상을 바꾸는 청소년 레스토랑 〈일단락〉'으로 정하였다.

일단락의 뜻은 '일단 즐겁게 먹고, 요리하자.'라는 뜻이다.

다음으로 판매할 요리를 정하였다. 양식이면서 저렴하고 잘 먹지 못하는 것으로 하기 위해 여러 가지 의견을 조합하여 스테이크 종류로는 큐브 스테이크(돼지고기)와 치킨 스테이크, 파스타로는 아라비아따(매콤한 맛)와 크림 스파게티, 서브 메뉴로는 핫도그 같은 코르동 블루를 만들기로 하였다.

이제 메뉴가 정해져서 연습에 돌입하였다. 학교에서 배운 내용과 인터넷에서 검색하여 고3 청소년의 주도하에 다 같이 연습을 하면서 어떤 재료가 얼마만큼 필요한지 몇 분 정도 걸릴지 연습을 하고 잘 나온 음식은 사진을 찍어서 홍보와 메뉴판에 활용하기로 하였다. 이렇게 어떻게 될지 모르는 청소년들의 레스토랑 운영은 이렇게 시작되었다.

초기 메뉴판

첫 번째 레스토랑 운영 : 혼돈의 시작-난 누구? 여긴 어디?

청소년 20명은 모두 요리에만 관심이 있고, 요리사가 꿈인 청소년들이었다. 역할 분담을 했는데 5명의 청소년이 홀을 보고 15명의 청소년이 요리에 들어갔다.

먼저 요리는 4층 냠냠실(요리실)에서 진행하고 식당은 2층 무제(밖이잘 보이는 거울방)에서 진행하기로 하여 공간을 예쁘게 꾸미기 시작하였다. 그리고 손님이 50명 정도 올 것으로 예상하여 인근에 있는 식자재마트에 직접 청소년과 함께 가서 중요한 재료(직접 성분을 보고 구매를 해야 할 생크림과 허브 등)를 직접 구매하고, 일부 고기와 야채 등은 전화로 배달 주문을 하였다. 이제 첫 번째 레스토랑 날이 밝았다.

11시에 오픈한다고 홍보를 하였는데 10시 30분부터 사람이 몰리기 시작했다. 무전기로 소통을 하는데 무전기도 처음, 손님을 받는 것도 처음, 이렇게 급하게 요리를 하는 것도 처음이었다. 그런데 사람들은 몰려든다. 처음부터 손발이 안 맞더니 나중에는 더 혼란이 가중되는 것이었다.

주문이 주방으로 제대로 전달이 되지 않았고, 주문한 음식이 같은 시간에 만들어지지 않았다. 요리도 완성이 되지 않은 상태에서 나오기 시작하였다. 정신없는 와중에 재료도 떨어지기 시작해서 메뉴에 'sold out'을 붙였다. 이렇게 시간은 점점 지나가 1차 레스토랑은 끝이 났다. 한마디로 그냥 혼돈의 시간이었다.

끝난 것에 행복해하면서 지친 몸으로 정리하고 설거지 청소를 한 다음 식당에 모였다. 일단락 레스토랑에 왔던 손님은 85명, 판매 음식은 102인분, 소요 시간은 총 5시간, 순 손익은 약 −20만 원, 적자였다.

두 번째 레스토랑 운영 : 협력–결국 사람이다

두 번째 레스토랑을 준비하였다. 1차 레스토랑 운영 평가에서 개선될 점을 찾았다. 홀과 주방에서 무전기로의 소통은 말로 하기에 잊어버릴 수 있어서 카카오톡으로 메뉴를 전달하고, 오전 오후 팀이 아닌 주방과 홀로 나누어 역할을 분담하고, 손님들의 평 등을 들을 수 있는 설문지도 만들었고, 몇 가지 메뉴를 바꾸고 홀에서 만드는 음료를 추가하였다.

또한 1차에는 지인이 많이 오고 일반 고객이 안 왔다고 판단하여 직접 거리 홍보도 하였고, 너무 많은 인원이 주방에 있어서 오전 팀과 오후 팀으로 나눈 다음 브레이크 시간을 두었다. 그리고 참가 청소년이 20명에서 14명으로 줄었다. 포기하거나 시간이 나지 않는 청소년들이 발생하였다.

드디어 두 번째 레스토랑을 운영하는 날이다. 이날은 1차 때보다 손님이 더욱 많이 왔다. 그리고 손님들이 같은 시간대에 와서 줄을 길게 서고 오래 기다리게 되었다. 홀 서빙 경험이 없던 청소년들이 지치기 시작하면서 서빙에 구멍이 생기기 시작했다. 주방에서는 음식이 늦어지고 요리가 급하게 나오면서 일부 음식에 대한 불만이 제기되었다. 하지만 청소년들은 이에 굴하지 않고 순간의 임기응변을 발휘하여 음료 등을 서비스로 제공하면서 문제를 해결해나갔다. 그러면서 홀과 주방의 소통이 원활해지고 1차보다 주문 누락이 적어졌다. 또한, 오전 팀과 오후 팀이 나누어져서 주방과 홀을 전부 경험할 수 있었고, 이에 맞추어 더욱 서로를 이해할 수 있는 시간이었다.

2차 레스토랑에서는 총 89명의 손님과 121인분의 주문을 받았고, 6시간을 운영하였다. 순 손익은 약 +5만 원이었다. 1차 때의 영업 손실을 다소 해소하였다. 청소와 정리를 마친 후 청소년들이 모여서 다시 평가를 시작하였다.

청소년들은 요리에 관해서만 이야기를 하는 것을 넘어, 레스토랑을 어떻게 하면 효율적으로 운영할까에 대해 이야기하기 시작했다. 함께 일하는 사람의 중요성과 소통, 협력에 대하여 논의했다.

마지막 레스토랑 운영 : 요리만 잘한다고 다 되는 게 아니구나!

청소년들이 마지막 레스토랑 운영을 준비하기 시작했다. 주방에서의 매뉴얼, 홀에서의 매뉴얼을 만들었다. 또한, 각자의 역할을 정확하게 다시 한번 정하였고, 무엇을 더하는 것이 아닌 지금까지 운영했던 장점을 살리고 단점을 보완하였다. 그리고 참여 청소년은 11명까지 줄었다.

드디어 마지막 레스토랑 운영이 시작되었다. 이번에는 너무 순조롭게 진행되었다. 손님들이 계속 오는데 홀에서는 척척 손님들을 안내하고 주문을 받고, 주방에서는 한 팀의 음식이 한꺼번에 나와 손님의 불만을 없앴다. 홀에서 주방을 배려하고 주방에서 홀을 배려했다. 자연스럽게 손님들의 평가와 반응도 너무 좋았다. 그래서 더욱 완벽하고 아쉬웠던 마지막 레스토랑이었다.

마지막 3차 레스토랑의 손님은 75명이었고 총 89인분의 주문이 있었다. 총 운영시간은 6시간이며, 순 손익은 약 +17만 원으로 3차 운영 중 순 수입이 가장 많았다. 처음 26명으로 출발해서 11명이 남았고, 시행착오를 겪었지만 1차와 2차 때의 문제점이 모두 개선되었고 손님들의 평가도 좋았다. 청소년들은 레스토랑 운영에 대한 전반적인 면을 경험했고, 팀워크와 시스템의 중요성도 알게 되었다. 그리고 수익을 남기기 위해서는 원가 계산을 철저하게 해야 한다는 것도 알게 되었다.

일단락 지역 공유회

1~3차 레스토랑 운영의 성과를 지역 주민들과 어떻게 공유할 것인지 공유회 방식에 대하여 논의하였다. 일단 초대할 손님들을 정하고 남은 수익금으로 우리의 요리를 대접하면서 음식 이야기를 지역 주민과 함께 나누기로 하였다.

우리의 공유회에 참석하는 손님들을 맞을 준비를 하였다. 순조롭게 너무 순조롭게 우리가 평소 레스토랑 운영하듯이 하면서. 하지만 오늘의 주인공은 일단락에 참여한 청소년이었다. 요리는 부수적인 우리의 발표물이었다. 손님들이 들어오고 요리를 대접했다. 먼저 사회자가 요리를 먹으면서 6개월간 시작했을 때부터 3번의 레스토랑 운영을 어떻게 했는지 설명하였다. 그리고 주인공인 일단락 청소년들이 당당하게 박수를 받으며 입장했다. 사회자가 질문하고 청소년들이 답변하는 방식으로 공유회를 진행하였다.

　이렇게 세상을 바꾸는 청소년 레스토랑 '일단락'의 이야기는 여기에서 끝을 맺는다. 청소년들은 처음에는 단순히 요리만 하고 싶어서 수련관을 찾아왔지만, 레스토랑을 창업하여 요리에 대한 스킬뿐만 아니라 세상과 부딪치면서 사람과의 소통이 필요하다는 것을 깨닫게 되었고, 요리만이 아닌 레스토랑 운영이라는 전체를 바라볼 수 있는 진로 개발 역량이 향상되었다.

　마지막까지 남은 11명의 청소년 모두가 앞으로 훌륭한 요리사 되기를 원하였고, 이번을 계기로 자신만의 레스토랑을 가지길 꿈꾸게 되었다. 또한, 이들 중 4명의 고3 청소년 1명은 현재 홍대에 있는 레스토랑에 취직하여 요리를 배우고 있고, 다른 3명은 대학교 요리학과에 들어가서 요리를 배우고 있다. 4명의 청소년 모두 모의 창업의 경험으로 칭찬을 많이 받는다고 감사하다고 지도자를 찾아와 가슴이 뭉클했다.

청소년들의 활동 소감

성현 : 요리 말고는 다른 건 생각도 못 했던 저희를 이끌어주셔서 감사하다. 이번에 얻은 경험과 지식을 바탕으로 저희는 발전했고 더 성장하여 저희만의 레스토랑을 열어 보이겠다.

예일 : 조금 더 청소년들의 꿈을 응원하고 활동을 지지해주는 어른들이 많아졌으면 좋겠고 아이들을 공부에 가두지 말고 다양한 활동과 체험이라는 열쇠로 문을 열어주었으면 한다.

종민 : 모의 창업을 해보며 창업이 결코 만만하지 않다는 것을 느꼈고 내가 하고자 하는 것이 무엇인가에 대해 다시 생각하게 되는 활동이었다.

희수 : 우리가 해냈다는 것을 보여줌으로써 자신감이 상승했고 음식을 먹고 '맛있다'고 말씀하셔서, 청소년도 이렇게 할 수 있다는 것을 보여주는 계기가 되어서 너무 좋았다.

2. 우리가 사용하는 공간, 다시 구성하기

탄현청소년문화의집 동아리 '스페이스(Space)'는 건축과 실내 디자인에 관심이 있는 청소년 10명으로 구성되었다. '스페이스(Space)' 명칭은 '공간'과 탄현청소년문화의집 애칭인 '별'과 테마를 같이 할 수 있는 '우주'라는 뜻의 두 가지의 의미를 내포하고 있다. 2017년 탄현청소년문화의집 청년서포터즈의 공간 재구성 프로젝트를 시작으로 2018년 본격적인 청소년 동아리로 '스페이스'가 탄생하였다. 평소 공간 디자인과 건축에 관심이 있는 청소년들이 모여 하나의 구성원이 되었고, 이후에도 자연스럽게 공간 디자인, 건축 등 진로에 초점을 맞춰 활동하고 있다. 매년 탈퇴 인원만큼 신규 단원들을 모집하고 있다.

스페이스 회원들은 회원들이 이용하고 있는 청소년 공간을 직접 청소년의 눈높이에 맞춰서 재구성해보고 싶다고 하여, 탄현청소년문화의집의 공간을 청소년들이 더 편리하게 이용하고 찾아오고 싶은 공간으로 직접 바꿔보기로 했다.

관계 형성과 연간 활동 계획

처음 만난 날 서로 친해지기 위해 관계 형성 게임을 진행하였고 단장, 부단장, 서기 등 임원진을 구성하였다. 스페이스 동아리는 건축 관련 전시회 탐방, 관련 정보 및 지식 습득, 월 2회 이상의 정기 모임을 통해 청소년 공간에 관한 생각을 공론화시키고 실천하기로 했다.

다음 모임에는 공간을 재구성하는 동아리의 활동에 대해 서로 생각을 해왔고 연간 활동을 계획하였다. 동아리는 탄현청소년문화의집 공간을 청소년의 분위기로 만들며, 공간 안에서의 문화를 끌어내는 역할을 하기로 하였다.

연간 활동은 첫 번째로 공간 구성에 초점을 맞춰 공간을 청소년이 원하는 분위기로 만들기 위해 요구되는 활동을 한다. 탐방 활동을 통해 다른 곳은 공간을 어떻게 연출했는지 보고, 그 아이디어를 반영해 공간을 어떻게 연출할 것인지에 대한 아이디어를 창출하고 그에 따른 공간을 구성하는 활동을 진행하기로 했다. 두 번째로 공간을 이용하는 사람들끼리의 문화를 형성하기 위해 공간 연출 활동 내용을 지역에 공유하여, 공간 연출을 추진하게 된 배경과 이용 방법 등을 안내하기로 했다. 더불어 동아리의 특색에 맞는 부스 운영 등을 통해 지역사회에 즐거운 문화를 더하기로 하였다.

탐방 활동 – 디자인 전시 체험

탐방 활동은 총 2회에 걸쳐 진행되었다. 상반기 탐방 활동으로는 '해피 인사이드' 디자인 전시를 관람하고 소감을 나누었다. '해피 인사이드'는 일상의 다양한 감정을 이모티콘을 활용한 조형물로 전시하여 행복을 전하고자 하는 전시로 디자인과 색 등을 접목하여 청소년 공간을 어떻게 재구성할 것인지에 대한 영감을 얻을 수 있었다.

하반기 탐방 활동은 공간 디자인 관련 전시를 관람하고 체험 활동을 진행하였으며, '서울도시건축비엔날레주제전' 탐방을 통해 공간 디자인, 건축에 관련된 정보를 습득할 수 있었다. '2019 서울도시건축비엔날레'는 집합도시(collective city)를 주제로 했는데, 집합도시란 도시가 만들어지고 팽창하면서 밀집되어 다중 중심이 형성된 도시를 말한다. 이 전시에서는 공존, 사회적 실천, 거버넌스 등의 고민을 담았다고 한다. 청소년들은 관람과 함께 비엔날레 도슨트를 통해 건축에 대한 미래상, 도시 문제와 역할에 대한 전문 지식을 얻을 수 있었고, 건축과 디자인에 대한 진로 탐색에도 도움이 되었다.

청소년 공간 재구성하기

디자인 전시 체험을 다녀온 후 본격적인 공간 연출에 들어갔다. 먼저 탄현청소년문화의집 별카페(북카페)를 어떻게 재구성할 것인지 논의를 했고, 청소년 이용자 욕구 조사를 하여 공간 재구성의 방향을 정했다. 별카페 이용자의 욕구를 조사해보니, 다락방 매트에 대한 위생 문제와 밀림 현상에 대한 불편함, 긴 테이블 낙서, 슬라임존 설치, 영화 상영, 킥보드 주차 등에 대한 의견이 나왔다. 이러한 이용자의 다양한 의견을 반영하여 '스페이스'는 먼저, 공간에 문화를 더하기 위해 별카페 내 슬라임존을 설치하고, 한 달에 한 번씩 영화를 상영하는 이벤트를 열기로 하였다. 문화적 측면과 더불어 공간의 시각적인 변화도 함께 이루어 낼 수 있도록 탄현청소년문화의집의 공간을 재구성하는 작업을 진행하였다. '스페이스'에서 논의된 공간을 재구성하는 방향은 2가지이다.

첫째, 공간을 청소년들이 놀고 쉴 수 있는 판으로 만들기

- 노란색 테이블은 칠이 많이 벗겨지고 낙서가 많아 페인트칠을 다시 하기로 했다.
- 별카페 벙커는 위생과 편안함을 위해 세탁이 가능한 러그를 깔고 쿠션을 놓기로 했다.
- 벽면은 1년 12달에 맞춰 12개의 문구로 디자인하기로 했다.

둘째, 공간을 소중히 생각하는 문화를 조성하기

- 별카페 내에서 타인을 존중하고 배려하는 기본 매너를 지킬 수 있도록 이용 수칙을 안내하기로 했다.

– 킥보드와 자전거를 타고 방문하는 이용자들을 위해 전용 주차장을
  만들기로 했다.

  1차 회의를 바탕으로 공간 재구성에 필요한 물품을 파악하는 작업을
진행했다. 비교적 관리가 쉽고 위생적인 유아용 폴더 매트와 물세탁이
가능한 4계절용 러그를 알아보았다. 그리고 페인트칠 작업에 필요한 친
환경 페인트와 바니쉬를 찾아보고 페인트칠하는 방법을 구체적으로 알
아보기로 하였다. 별카페 벙커 크기에 맞는 매트와 러그를 설치하였다.
동아리 회원들이 여러 가지 사항을 고려하여, 직접 고르고 주문한 물품
들을 설치하면서 그동안 열심히 찾은 보람을 느꼈다.

　이틀간 낡아진 테이블을 바꾸기 위한 페인트 작업을 진행했다. 사전에 인터넷을 통해 방수 페인트를 칠하는 방법을 익히고 순서에 맞게 직접 칠을 했다.

　동아리 회원들은 우리가 해냈다는 성취감을 느끼고 다음 활동에 대해 기대하는 마음을 가질 수 있었다. 공간의 변화에 대한 이용자들의 만족도도 한결 높아졌다. 깨끗해지고 한층 정리된 분위기에 더욱 즐거워하면서도 소중하게 사용할 수 있게 되었다.

　이 활동은 공간 디자인과 건축에 관심이 있는 청소년들이 모여 다른 사람과 관계를 잘 맺기, 협력하기 등이 실현되었다. 또한, 이들 청소년이 모여 자신의 흥미를 이해하고 청소년 공간을 주체적으로 이용하는 권리에 대한 인식, 그리고 여러 청소년이 함께 이용하는 공간이라는 인식을 키우는 역량을 증진했다.

3. 내가 만들어보고 싶은 영화

영화를 전공하는 20대 청소년이 고양시청소년재단의 공모사업에 영화를 만들어보겠다고 신청을 했다. 이 대학생들은 자신들이 겪었던 진로에 대한 고민을 영화로 만들고자 했다. 제목이 〈청바지〉여서 팀명을 '리바이스'로 달았다. 공모사업에는 23개 팀이 신청해서 전문가 심사를 통해 8개 팀이 선정되었다. 리바이스 팀도 선정되어 본격적으로 자신들의 꿈을 펼칠 수 있게 되었다.

리바이스 팀이 선정된 이유는 다양했다. 처음부터 전문가 같은 체계로 사업계획서를 작성하고 제출했다. 연출부, 촬영부, 조명부, 음향부, 제작부, 미술부, 편집부 등 팀 내에 각 부서를 구성하여 체계적인 계획을 보여주었다. 그리고 선발에 가장 큰 역할을 한 것은 리바이스 팀의 시나리오였다. 리바이스 팀의 시나리오는 앞서 이야기했던 것처럼 진로만을 주제로 한 흔히 보기 힘든 내용으로 구성되어 있었다. 리바이스 팀은 선정된 후에도 가장 많이 지도자와 소통한 팀 중 하나였다. 회계부터 시작해서, 장소 섭외, 물품 대여 등 지도자와 가장 활발하게 소통하며 도움이 필요한 부분에서는 적극적으로 지도자를 활용했다.

〈청바지〉의 시작

리바이스 팀은 선정 후 시나리오를 완성하고, 배우 오디션을 진행했다. 배우 오디션에는 무려 200명의 배우가 이력서를 넣었고 그들 중 2명의 주연이 뽑혔다. 그리고 콘티를 만들고, 소품 리스트, 장비 대여 예산안 등을 만들고, 의상 컨셉, 로케이션 등을 정하는 등 학생이라고 보기 힘들 만큼 전문가 같은 모습을 보여주었다.

이렇게 준비가 끝나고 나서는 본 촬영 4회, 추가 촬영 1회로 총 5회의 촬영을 진행했다. 무더위 속의 촬영 역시 쉽지 않았다. 온도가 너무 올라가면 꺼지는 카메라 때문에, 스태프들의 더위보다 장비들의 뜨거운 온도를 낮추기 위해 얼음물을 카메라에 대고 그늘을 만들고 장비에 열심히 부채질하는 모습을 보여주며, 본인들보다 촬영과 그 결과물을 더 중요시하는 전문적인 모습을 보여주었다. 소리, 필터, 장면 구성 등 모든 분야에 있어서 각 부서가 체계적으로 움직이고, 사소한 소리, 빛의 질 등 모든 분야까지 세세하게 신경 썼다. 그렇게 촬영이 끝난 영상들은 편집부의 편집을 통해 하나의 단편영화로 거듭났다.

Q. 리바이스 팀의 〈청바지〉라는 프로젝트에 대해서 설명해주세요.

저희는 영화를 전공하는 학생들이에요. 그래서 항상 우리들의 영화를 만들어보고 싶다는 생각을 하고 있었어요. 저희는 저희가 겪었던 진로에 대한 고민을 영화로 만들고자 했어요.

그렇게 항상 지루한 일상이 반복되는 고등학생의 삶을 보여주고 그것을 바꾸고 싶어 하는 '푸름'이라는 캐릭터와 공부뿐만 아니라 못하는 게 없는 '서연'이라는 캐릭터를 만들어냈어요. 항상 전교 1등을 놓치지 않는 '서연'과 '푸름'이 만나서 일어나는 일들을 영화에 담게 되었어요.

Q. 많은 주제 중에 하필 진로라는 주제를 선택한 이유가 있나요?

진로는 정말 어려운 주제인 것 같아요. 저는 영화를 만들고 싶어서 영화 전공을 선택했지만, 지금도 제 진로에 대해 고민하고 있어요. 아직은 영화를 만드는 것이 재미있지만, 지금도 마음속으로는 항상 고민하고 있어요. 그래서 이런 현실적인 고민을 주제로 한 영화를 만들고 싶었어요.

실제로 이 영화에 참여한 친구들이 대부분 20~21살이고 모두 비슷한 진로 고민을 했던 친구들이거든요. 이런 고민을 했던 우리가 우리의 이야기를 만들면 멋지지 않을까 하는 생각으로 주제를 선택했고 시나리오를 썼던 것 같아요.

Q. 영화를 찍으면서 느꼈던 점이 있나요?

시나리오를 작성하다 보니 스스로에 대해서 더 생각하게 된 계기가 된 것 같아요. 내가 왜 영화를 하고자 했는지, 내가 당시에 했던 고민은 어떤 것들이었는지, 그리고 주변 친구들은 어떤 고민을 했었는지에 대해서 다시 생각하게 된 것 같아요.

Q. 프로젝트를 진행하면서 생각과 다르거나 어려웠던 점은 무엇인가요?

어렵지 않았던 게 없었던 것 같아요. 저희는 학교를 배경으로 한 영화여서 촬영이 가능한 학교를 섭외해야 했는데, 이때 정말 고양시에 있는 모든 학교에 다 전화를 한 것 같아요.

결국에는 학교를 섭외하는 것이 불가능해서 교실 세트장과 학원 분위기를 낼 수 있는 백마역 플랜B에서 촬영을 진행했어요.

이외에도 제가 처음 연출을 맡은 영화여서 그런지 쉽게 생각했던 부분들이 많았던 것 같아요. 특히 시나리오와 캐릭터들의 고민 속에 많은 사람의 고민을 함축적으로 담으면서도 특색 있고, 매력 있는 캐릭터를 만들려다 보니 사람들의 인터뷰를 하는 데도 많은 시간이 걸렸던 것 같고, 부족한 점만 보이는 것 같더라고요.

Q. 프로젝트를 진행하면서 어떤 성장을 이루었나요?

앞에 있던 질문들에 대한 답들이 곧 저의 성장인 것 같아요. 다른 사람들의 고민에 대해서 알게 되고, 영화라는 제 꿈에 대해서 다시 한번 생각해보는 계기가 된 것 같아요. 그리고 이 시기를 겪는 많은 사람이 결코, 다르지 않다는 것도 알게 된 것 같아요.

Q. 마지막으로 하고 싶은 말이 있으면 해주세요.

저는 나이가 많든 적든 언젠가는 영화 속 '푸름'과 '소연'처럼 나의 미래나 진로에 대해 고민하게 되는 때가 온다고 생각해요. 하지만 이런 고민과 어려움은 누구든 겪는 것이니 본인에게만 어려운 시련이 온다고 생각하지는 않았으면 좋겠어요. 미래와 진로에 대한 고민은 한순간이 아니라 어쩌면 평생 해가야 하는 고민일 수도 있으니까요. 저도 지금은 영화 감독의 꿈을 꾸고 있지만, 항상 고민하고 있고, 이런 고민에 답은 없다고 생각해요.

4. 문제 해결 속에서 성장하다

모의창업은 청소년들로부터 시작되었다. 2019년에 사회적 경제 프로젝트에 참여한 청소년들이 '창업 활동'에 대한 관심과 욕구를 표현하였고, 이를 기반으로 4차 산업혁명이 가져온 미래 직업 환경의 변화와 청소년(청년) 창업 활성화를 둘러싼 사회 정책과 이슈를 고려하여 기획되었다. 모의창업을 통해 청소년들이 자신의 역량을 실질적으로 발견하고, 자신의 진로를 진지하게 생각하며, 그렇게 나 자신만의 길을 만들어가길 바랐다.

처음 계획할 때는 '창업'이라는 주제가 지닌 무게만큼 '실제성'에 중점을 두었다. 다른 활동과 다르게 최대한 실제 창업 현실과 유사한 환경 속에서 청소년들이 창업 프로젝트를 진행하게끔 환경을 조성했다. '기획 활동, 모의투자유치회, 실천 활동, 결과보고회'라는 큰 틀을 구성하고, 그 안에 회사 로고 제작, 회사 비전 수립, 기획 회의, 사업계획서 작성, 사업

계획 발표, 투자자 유치, 예산계획 수립, 판매, 결과보고회 등 창업 과정에서 거쳐야 할 세부 활동들을 제시하였다.

청소년 창업 팀은 일정 조율부터 팀원과의 소통, 자료 조사, 회의록 작성, 예산계획, 메뉴 개발, 재료 구매, 제품 생산, 포장, 홍보, 판매, 고객 응대, 코로나19와 여러 돌발 상황에 대한 대처까지, 모든 걸 스스로 해냈다. 무엇을 하고, 얼마나 많은 시간을 투자하고, 어떻게 했다는 것보다 더 중요한 것은 내가 선택한 것에 책임을 다하겠다는 마음, 스스로 찾고 느끼는 생각과 의미 그리고 성찰이다. 청소년들의 이 모든 것이 모의창업 활동 속에 담겨 있다.

아이디어 발표 : 도전의 시작

청소년들은 모의창업 활동에 참여하기 위해 아이디어 소개서를 작성하고, 발표 면접을 위한 프레젠테이션을 준비해야 했다. 모의창업은 청소년들이 스스로 기획하고 실천하는 프로젝트이기 때문에 청소년들의 주도성이 가장 중요했다.

17~25세로 구성된 7개 창업 팀 28명의 청소년은 면접 장소에 모여 팀당 20분의 발표 면접에 참여했다. 모의창업 지원팀의 아이디어는 다양했다. 반려동물 수제 간식 도시락, 꽃시(꽃 더하기 시) 배달 서비스, 트윙클

공예, 동서양 원플레이스 레스토랑, 드림노트, 레인보우 크레페, DIY 세계화 샌드위치 등 자신들의 관심이 있던 분야에서 문제를 발견하거나 자신들의 재능을 발휘할 수 있는 분야에서 새로운 도전을 하여 창업 아이디어를 도출했다.

아이디어 발표 면접을 통해 7개 팀 가운데 기본 태도, 아이디어 참신성, 사업 실현 가능성, 개인 역량 등의 심사 기준에 따라 고득점을 받은 상위 3개 창업 팀이 선정되었다.

앞으로 창업 팀으로서 아이디어를 어떻게 사업화하고 주어진 예산 안에서 어떻게 창업 계획을 수립해야 할지 등 전반적인 모의창업 프로젝트 과정에 대해 이해하는 시간을 가졌다. 그리고 개인 활동이 아니라 팀 활동인 만큼 각자의 역할을 잘하는 것이 왜 중요한지 이유를 이해하며 청소년들이 팀 프로젝트에 대해 책임감을 느꼈다.

청소년 창업 팀은 7월부터 8월까지 두 달 동안 회사 이름, 로고, 명함을 제작하는 것부터 사업계획 발표 자료를 완성하는 것까지 모의창업을 위한 단계를 하나씩 밟아나갔다. 담당 지도자는 창업 팀의 정기회의 때 참관하거나 회의록을 읽어보며 회의 내용을 검토하고, 사후 질문을 통해 방향을 알려주거나 부족한 점을 보완할 수 있도록 의견을 제안할 뿐 모

든 단계의 과정은 청소년들이 생각하고, 조사하고, 정리하며 해결하도록
했다.

청소년 창업 기획 과정

| 회사 설립 | ▶ | 역할 분담 | ▶ | 시제품 준비 및 제작 |

- 로고 및 명함 제작
- 로고 저작권 등록

- 팀 확정 (경영/제조/마케팅)
- 홀 및 조리 담당 확정

- 회사 콘셉트 고려
- 맛 보완
- 고객 시식회 진행

| ▶ 시장 조사 | ▶ | 판매계획 수립 | ▶ | 수익금 사용계획 수립 |

- 시장 가격 조사
- 경쟁 상권 분석
- 목표시장 유동인구 조사
- 잠재고객 구매 욕구 조사

- 판매 지역 선정
- 판매 제품 확정
- 마케팅 전략 수립
- 매출이익 산정

- 수익금 후원처 선정

창업 기획 과정은 '문제 해결'의 반복이었다. 창업 팀 청소년들은 생각
보다 복잡하고 어려운 과정에 많이 놀라기도 했고, 3팀 모두 중도 포기를
고민한 적이 있을 정도로 많이 힘들어하기도 했다.

그렇지만 창업 팀 청소년들은 포기하지 않았다. 왜 포기하지 않았을
까? 그것은 바로 책임과 기대가 있기 때문이었다. 지금까지 해온 과정에

관한 아쉬움과 아까움, 동시에 자신이 하겠다고 선택한 것에 대해 느끼는 책임감, 그리고 모의투자유치회와 판매에 대한 기대감이 청소년들이 포기하지 않고 계속 추진해나가는 원동력으로 작용했다.

청소년들은 느끼고 있었다. 지금은 힘들지만 자신들이 잘 해결하고 있고 그 해결 과정을 통해 많은 것을 배우며 성장하고 있다는 것을.

3개 창업 팀의 창업 기획 과정은 청소년의 창의력이 어떻게 성장하는지 잘 보여주고 있다. 청소년들은 회사의 로고도 직접 제작했다.

세 팀의 모의창업 기획 과정을 간단하게 소개해본다.

봉주르 크레페 모의창업 기획 과정

[회사 이름 및 비전 정하기]

우리 회사 이름인 '봉주르 크레페'는 크레페의 본 고장인 프랑스의 언어를 사용하였습니다. 또한 '봉주르'는 프랑스에서 아침에 하는 첫인사로 처음 만나는 우리를 상징합니다. 그리고 우리는 레인보우 콘셉트를 살려 '우리는 크레페에 여러 가지 색의 조화를 담아낸다'라는 비전을 만들어냈습니다.

[시제품 준비 및 제작]

우리 회사만의 콘셉트를 살리기 위해 다양한 시도를 하였습니다. 오랜 고민 끝에 눈에 잘 보이고 실패율이 적은 레인보우 스프링클을 선택했습니다. 또한, 반죽의 색깔을 빨강, 주황, 노랑으로 만들어 콘셉트를 살리기로 하였습니다.

그리고 여러 번 시제품을 제작하며 보기에도 좋고 맛도 좋은 크레페를 만들기 위해 노력했습니다. 또한, 밀가루도 일반 밀가루에서 프랑스 밀가루로 바꿔 더 바삭하고 쫄깃한 식감의 반죽을 만들고자 노력했습니다. 설문지를 직접 제작하여 두 번의 시식회를 진행했습니다.

[시장 조사]

재료를 살 때마다 예산계획서를 작성했습니다. 오프라인 물건과 온라인 물건을 나눠 가격 조사를 정확하게 하여 예산계획서를 정확하게 작성할 수 있었습니다.

그리고 주변의 경쟁 상대인 와플 가게, 주먹밥 가게, 핫도그 가게의 제품을 시식하고 우리와 비교해가며 경쟁 상대가 가진 장점과 단점을 정리하고 저희 크레페의 부족한 점을 찾아 하나씩 보완하고자 노력하였습니다. 우리는 크레페의 저렴한 가격, 다양한 토핑으로 채운 영양, 부드러우면서도 바삭한 반죽 등의 장점을 강조하기로 하였습니다.

우리는 청소년수련관에서 크레페를 판매하기로 하였기 때문에 수련관 주변의 유동인구를 조사하기로 하였습니다.

그 결과 오후 2시~3시가 사람이 가장 많은 것을 확인할 수 있었습니다. 이에 저희는 그 시간대를 기준으로 오후 1시부터 저녁 8시까지 총 7시간 동안 크레페를 판매하기로 하였습니다.

[판매계획 수립]
바나나, 딸기, 딸바, 딸바키 등 총 4종류의 크레페를 각각 10개씩 총 40개, 아메리카노 20잔, 아이스티 30잔, 직접 담근 레몬청을 이용한 레몬에이드 24잔을 판매할 계획입니다.

기본 토핑은 누텔라, 시리얼, 오레오와 과일, 그리고 저희의 특색을 나타낸 레인보우 스프링클을 사용할 예정입니다. 그리고 선택 토핑은 생크림과 아이스크림 중에 선택할 수 있습니다. 또한 반죽 색을 선택할 수 있게 하여 우리만의 특색을 나타내었습니다.

[수익금 사용계획]

봉주르 크레페의 주력 상품은 수익률이 가장 높은 딸바키 크레페와 아메리카노입니다. 우리는 재료별 기준 단가, 메뉴별 재료원가, 메뉴별 예상 매출액 등을 계산하였고, 그 결과 165,400원의 순수익이 발생할 것을 알 수 있었습니다.

먹어도 댕냥 모의창업 기획 과정

[회사 이름 및 비전 정하기]

항상 동물을 먼저 생각하는 마음과 사랑하는 반려동물을 위한 작은 선물이라는 의미를 담아 회사 로고를 만들었습니다.

그리고 손수 제작하여 안전하게 먹을 수 있는 간식, 반려동물과 함께 즐기는 행복한 피크닉 도시락, 여러 가지 맛있는 간식을 한 번에 즐길 수 있는 도시락, 하나하나 칼로리를 계산한 정성스러운 맞춤형 간식을 만들겠다는 회사 비전을 세웠습니다.

[판매 지역 선정]

처음에 판매 대상 지역으로 동진시장 플리마켓을 생각하였습니다. 그런데 동진시장에서는 반려동물 도시락을 판매하기 어렵다는 판단이 들어서 최종적으로 홍대를 선택하게 되었습니다. 그래서 우리는 1차로는 수련관에서 판매하고, 2차로는 홍대 앞 예술시장인 홍익문화공원 플리마켓에서 판매하기로 하였습니다.

[시장 조사]

반려동물의 시장 규모는 2012년 이후 꾸준히 커지고 있으며, 2018년 대비 2020년의 시장 규모는 2배 가까이 확대되었습니다. 반려동물 관련 소비지출 항목을 보면 사료비에 이어서 간식비가 두 번째로 높은 것도 볼 수 있습니다. 우리는 소비자의 부담을 조금이라도 덜어드리고, 친환경 식품으로 한 번 더 안심할 수 있는 안락한 환경을 만들기 위해 창업 아이템으로 반려동물 도시락을 선정하게 되었습니다.

일반 마트, 대형 마트, 창고형 마트에 방문하여 재료의 가격을 조사했습니다. 그래서 최종적으로 판매용 재료는 가장 저렴한 가격을 형성하고 있는 식자재마트에서 구매할 것을 결정했고, 시제품 제작을 위한 재료는 소량만 필요하다는 이유로 수련관에서 가까운 일반 마트에서 구매하기로 하였습니다.

현재 타사의 간식에 대한 문제점들을 정리해보았습니다. 우리는 문제점들을 보완하여 수제로 당을 제조한 후 사람의 음식과 거의 비슷하게 만들어 판매하는 서비스를 제공하며, 언제든 안심하고 먹을 수 있는 반려동물 도시락을 제작할 계획입니다.

우리가 처음으로 판매할 곳인 수련관 1층 로비와 인터넷에서 저희 제품에 대한 설문 조사를 한 결과 '구매한다'에 투표한 의견이 많아 좋은 반응을 얻었습니다.

[시제품 준비 및 제작]

쌀가루가 없어 쌀을 사서 손수 가루를 갈고, 시금치도 시판 가루가 아닌 생시금치를 사용하여 마들렌을 만들었습니다. 9시간이 넘는 시간 동안 열심히 시제품을 만들었습니다.

마들렌을 제외한 나머지 제품을 모두 제작해보았습니다. 팀원들의 반려동물에게 시식을 해보았는데, 강아지는 잘 먹었으나, 고양이는 잘 먹지 않아서 고민이 되었습니다.

[판매계획 수립]

우리는 도시락 콘셉트를 살리기 위해 내용물을 확인할 수 있도록 투명 뚜껑인 샌드위치 용기를 사용할 것이고, 회사의 로고가 들어간 스티커를 제작하거나 명함을 넣어서 포장할 계획입니다. 그리고 디자인을 더할 수 있는 리본이나 마스킹 테이프를 골라 뚜껑을 고정할 예정입니다.

OP 모의창업 기획 과정

[회사 이름 및 비전 정하기]

우리는 하나의 접시에 여러 가지의 음식을 조화롭게 담아내는 원플레이트를 저희 가게의 특징으로 선정하였으며, 하나의 접시라는 뜻을 가진 원플레이트의 약자인 O와 P를 따서 OP라고 팀명을 짓게 되었습니다.

[시장 조사]

우리는 수련관 인근 여러 마트를 방문하여 재료의 가격을 조사하고 식자재의 정확한 단가를 확인한 후 최대한 원가를 절감하기 위해 노력하였습니다. 또한, 수련관 인근의 양식 가게를 찾아 메뉴, 직원 수, 방문 고객 수 등을 조사하여 회사의 사업계획을 수립하기 위한 정보를 수집하였습니다.

후곡 학원가에서 경쟁 상권을 조사하며, 우리만의 차별점을 갖기 위해 다음의 계획을 세웠습니다. 하나의 그릇에 담기는 예술적 가치라는 원플레이트에 음식을 담아 제공하는 것, 후곡 학원가 근처에서 맛볼 수 없는 독보적인 메뉴를 구성하는 것, 예약 제도를 이용하여 웨이팅 시간을 단축하는 것 등입니다.

우리는 수련관에서 판매할 예정입니다. 우선 청소년 밀집 지역이라 초등학생부터 고등학생까지 다양한 연령대의 청소년들이 항상 방문하고 있어 홍보하기에 편리하고, 이런 사업 자체를 여러 청소년에게 알릴 수 있다는 부분도 장점이라 생각했습니다.

[시제품 준비 및 제작]

우리는 총 3회에 걸쳐 시제품을 제작하여 시식해보고 평가하여 메뉴별 레시피를 계속 보완하였습니다. 라구알라 볼로네제 파스타는 간을 조금 더 약하게 하고 색감을 살릴 방법을, 버섯 리조또는 간을 조금 더 하고 따뜻한 온도를 유지할 방법을, 우삼겹 파스타와 새우 필라프는 간을 약하게 하고 풍미를 높일 방법을 고민하였습니다.

[판매계획 수립]

우리는 코스 요리와 단품 메뉴 판매 중에 고민하다가 단품 메뉴를 판매하기로 정하였습니다. 단품 메뉴로 선택의 폭을 넓히고 대신 모닝빵과 아포가토를 세트로 구성하여 함께 제공하기로 하였습니다. 메뉴의 가격을 일반적인 시장 가격 수준으로 책정하게 되었습니다. 저희는 높은 수익보다 음식의 질에 초점을 두고, 판매하기로 마음먹었습니다.

모의투자유치회 : 미래 고객과의 만남

기획 회의를 통해 기본적인 사업계획서 내용을 작성한 창업 팀 청소년들은 지역사회 잠재고객을 대상으로 발표할 사업계획 발표 자료를 만들고, 모의 투자금 확보를 위한 모의투자자 섭외 홍보를 진행했다. 그래서 팀별로 10명씩 모의 투자자를 섭외하였고 수련관 2층 강당에서 발표할 수 있도록 PPT, 안내 자료, 팀 의상 등을 모두 준비했다.

그런데 코로나19로 인해 실행은 못 하고 온라인 방식으로 전환할 수밖에 없었다. 창업 팀 청소년들은 다양한 온라인 매체와 프로그램을 활용하여 발표 영상을 만들었고, 모의투자유치회는 성공적으로 끝났다. 113명이나 되는 많은 인원의 모의 투자자가 투표에 참여해주셨고, 창업 팀의 온라인 모의투자유치회 영상은 295명의 순 시청자 수를 기록했다.

실천 활동 전반기 : 끝나지 않는 문제 해결

모의투자유치회를 통해 21명, 42명, 50명의 모의 투자자를 섭외한 창업 팀은 각각 80만 원, 100만 원, 120만 원 상당의 창업 물품 지원을 받게 되었다. 창업 팀은 지원액을 기반으로 사업계획을 실행에 옮기기 시작했다. 그러나 고등학교 3학년이 3명이나 포함된 OP 팀은 일정 조율에 어려움을 겪었다. 대학 입시 일정이 10~11월에 몰리게 되며 결국 창업 판매를 포기할 수밖에 없었다.

다른 두 팀은 코로나19에 대응하여 모든 걸 바꾸기로 했다. 우선 판매 방식을 기존 '대면 판매'에서 '전면 예약 판매'로 전환하고, 제품을 택배 배송이 가능한 형태로 바꾸어 고객들 간 접촉 시간을 최소화하여 감염을 방지하고자 했다. 고객 대상 마케팅 이벤트도 취소했다.

먹어도 댕냥 팀 전문가 컨설팅

봉주르 크레페 팀 전문가 컨설팅

모의투자유치회 발표 영상 속 내용을 보고 많이 놀랐습니다. 청소년들이 이렇게까지 창업을 준비하고 도전할 수 있다는 게 정말 대단하다고 생각했습니다. 그리고 덕분에 저도 좋은 경험이 되었습니다. 정말 시간 되시면 창업 팀 청소년들이랑 가게에 꼭 한번 들러주세요.

— 크레페버니 대표 정인호

성인 대상으로 수제 간식 창업반 강의도 하고 있는데, 먹어도댕냥 청소년들처럼 체계적으로 조사하고 준비하는 경우가 거의 없어요. 엄청 대단한 것 같고, 저희 SNS에 모의투자유치회 발표 영상 활용해서 홍보하고 싶고, 나중에 판매할 때도 구체적인 내용을 주면 고객 대상으로 홍보해주고 싶습니다.

— 멍멍테이블 대표 최연희

봉주르 크레페 팀은 크레페 완제품을 그대로 배송하는 건 불가능할 것으로 생각하고 밀키트 형태를 고안했었지만, 전문가로부터 크레페 완제품은 최대 1시간 동안 형태나 맛이 유지되어 그대로 배송을 해도 괜찮다는 걸 알게 되었다. 그리고 팀의 가장 고민거리였던 크레페 반죽에 대해서도 시판용 크레페 가루가 있다는 사실을 알게 되어 일반 밀가루와 비슷한 원가로 더욱 맛있는 반죽을 만들 수 있다는 것도 알게 되었다.

먹어도 댕냥 팀은 그동안 제작했었던 시제품을 반려동물이 잘 먹지 않아 고민이었는데, 마들렌이나 초콜릿에 황태나 닭고기를 갈아 넣으면 맛이나 향을 보완할 수 있다는 걸 알게 되었다. 초콜릿이 포장이나 배송 시 녹을 수 있어서 틀에 넣어서 만드는 것이 좋다는 것, 닭가슴살보다는 닭안심살이 육포 만들기에 더 적합할 거라는 것, 시금치 마들렌과 황태포는 시판하고 있는 시금치 가루와 황태채를 활용하는 것이 제작 시간과 비용을 감축할 방법이라는 것도 알게 되었다.

창업과 직접 마주하다

드디어 2020년 10월 18일 일요일 '봉주르 크레페'가 문을 열었다. 밤 10시가 다 될 때까지 홀과 주방을 정리하고 판매를 마감했다. 봉주르 크레페 팀은 크레페 70개, 음료 34잔을 판매하여 매출액 251,500원을 달성했다.

봉주르 크레페 판매 제품 (크레페 밀키트)

먹어도 댕냥 팀은 2020년 11월 7일 토요일과 8일 일요일에 문을 열었다. 제작일과 판매일에 팀원 2명의 몸이 좋지 않아서 나머지 2명이 제품을 만들고 판매까지 마무리해야 하는 힘든 상황이었지만, 고객과의 약속에 대한 책임감으로 10시간 동안 사전 주문 상품을 제작하였고, 다음 날 오후에 모든 고객에게 택배 발송을 완료할 수 있었다.

먹어도 댕냥 팀은 반려동물 수제 간식 세트 22개를 판매하여 매출액 84,500원을 달성했다.

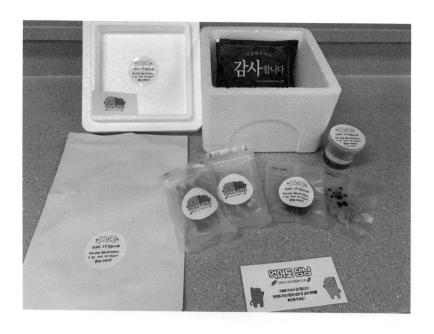

먹어도 댕냥 팀 판매 제품

사업결과보고회 : 어디에서도 해보지 못할 경험

창업 판매 활동을 종료한 창업 팀은 사업결과를 발표하는 자리를 가졌다.

봉주르 크레페 팀과 먹어도 댕냥 팀은 판매일에 발생했던 어려움과 해결 과정, 판매 제품, 판매 방법, 홍보 과정, 판매 결과, 고객 만족도 설문 결과, 기부 결과 등을 정리하여 발표 자료를 제작하고, 온라인 결과보고회를 진행했다. 그리고 마지막으로 모의창업 활동 과정을 되돌아보며 각자의 활동 소감을 공유하는 시간을 가졌다.

진로 개발 역량은 창업 팀 청소년들이 가장 큰 폭의 성장 변화를 보였다. 모의창업을 하면서 핵심역량을 활동 시작 전과 마친 후에 증감 조사를 하였는데, 협업, 창의력, 사회정서, 진로 개발 역량이 전체 누적 점수 대비 4.5%, 2.6%, 5.9%, 9.1%의 증가율을 보이며 진로 개발 역량에서 가장 유의미한 변화를 보였다.

청소년 활동 핵심역량을 기르는 데 가장 중요한 것은 '청소년 스스로 하는 것'이다. 모의창업 활동은 청소년이 스스로 문제를 해결하며 발전하는 과정이었고, 청소년이 부족한 점을 채우고 새로운 배움을 쌓아 성장하는 과정이었다.

청소년들의 활동 소감

진영: 너무 보람차고 어느 한 부분만 성장한 것이 아닌 다방면으로 많이 성장했다고 느끼고 있다.

수빈: 창업 활동을 시작하기 전에는 그냥 막연한 생각이었는데 배우며 창업에 대한 내 생각이 많이 변화하고 성장한 것 같다.

환희: 어떤 이유로 이 모의창업 프로그램을 시작하더라도 가져가는 것이 있기에 결국 손해는 아니라는 것을 알려주고 싶다.

사빈: 조리인으로서 소비자들에게 퀄리티 높고 후회 없는 소비를 만들어주고 싶다는 생각이 들었다. 이번을 발판 삼아 조금 더 성장한 상태로 소비자들과 팀원들을 만나고 싶다.

채윤: 그리고 지금까지 조리에 대해 틀에 박힌 생각을 해왔었는데, 좀 더 넓은 세상을 볼 수 있게 된 것 같다. 이 활동을 통해 진로에 대해서도 꽤 많이 생각할 수 있었던 활동이었다.

윤아: 처음 해보는 일들을 하나씩 해결할 때마다 성장하고 있는 게 순간순간 느껴져 뿌듯했다. 각자의 일을 완벽하게 마무리하는 것도 중요하지만 팀원들과 소통이 안 되면 어떤 일이든 마무리하기 어렵다는 걸 알았다.

지민: 사회생활에 한 발자국 더 나아간 느낌이다. 이론적으로만 배우던 회계, 경제 등을 써먹을 수 있는 상황들이 연출되어서 그것을 이해하는 데 도움이 된 것 같고 미래에 실제로 써야 할 때 유용

할 것 같다.

영연: 사실 청소년이 창업한다는 것은 흔한 일이 아닌데 이런 좋은 기
회를 통해서 흔치 않은 경험을 한 것 자체가 소중하다. 활동 중
에 사소한 갈등을 풀어나가고 다시 잘 활동을 할 수 있었던 것이
기억에 남는다.

MEMO